河出文庫

自閉症の僕がみつけた生きづらい世界の変え方

いつもの景色が輝く43の視点

東田直樹

はじめに

僕は現在三十二歳です。そして作家という仕事をしています。十三歳のときに書いた『自閉症の僕が跳びはねる理由』（エスコアール、角川文庫、角川つばさ文庫）が、その後三十か国以上で翻訳され世界的ベストセラーとなりました。二十四歳のときにはＮＨＫスペシャルに出演し大きな反響をいただきました。

これまで出版した本にも、たびたび書いていますが、僕は自閉症という障害を抱えています。自閉症とは、「言葉の発達の遅れ」「コミュニケーションの障害」「対人関係・社会性の障害」「パターン化した行動、こだわり」などの特徴を持つ障害で、「自閉スペクトラム症」と呼ばれています。

僕が「普通の人」のようには会話ができないのは、話そうとすると頭の中が真っ白になるからです。

僕の日常生活には助けが必要です。奇声を上げたり、意味不明な言葉をつぶやいたり、突然走り出したりしてしまうからです。予想しないことが起きると、こだわりが強くなりパニックを起こすこともあるため、外出する際には、ヘルパーさんや家族に付き添ってもらっています。

僕にとっての幸せは、文章を書くことです。普通の人みたいに生活することはできませんが、考えていることを文章に綴っている間、僕は心からの自由を手に入れることができています。


生きていくうえで僕が大事にしていることが二つあります。

一つは、自分が悪い人間だとは思わないこと、もう一つは、何事も永遠には続かないと自覚することです。

そうすれば、大変な事態に陥っても僕はやり過ごすことができます。希望を捨てず頑張ることができるのです。


人はそれぞれ、多かれ少なかれ「悩み」を抱えて生きています。生きていれば誰にでも、うまくいかないことや理不尽な問題が起きるからです。

昨今はとくに、解決しない、解決できない悩みで「生きていくのがつらい」と苦しむ人が増えているようです。

中には、悩みがない、悩んだことがないと言う人もいますが、それは悩むより前に自分なりの対処法を持っているからだと思います。

皆さんの悩みと僕の悩みは違うかもしれませんが、悩みの根っこの部分（本質）は同じではないでしょうか。なぜなら悩みは、自分で何とかしたいと思う気持ちから生まれるものだからです。この根っこの部分とは、人としてのあるべき理想像に近づきたい気持ちのことです。

悩みの多くは、視点を変えることで解消できると信じています。

視点を変えるという作業は、別の面から物事を捉えてみることだと思っている人がいるようですが、それだけではありません。物語の主人公を自分から他の人に替えるだけでラストが違ってくるように、視点そのものを別の人に移すことで、これまで見えなかった景色が見えてくることがあります。

普通の人の視点から、自閉症者である僕の視点に変えることで、今まで気づかなかった答えを導き出すことができるのではないでしょうか。

自閉症という障害を抱えているということは、脳の機能や神経細胞に普通の人と違いがあるということです。生きるうえで僕には不便がたくさんありますが、そのおかげで普通の人とは異なった思考回路が形成されたのかもしれません。

悩みを解消するためには、具体的な対策が重要になりますが、僕が自分の力でやり遂げられることは少ないです。

息苦しくて、身の置きどころのない日々。どうやって、そこから抜け出せばいいのか、僕は自問自答を繰り返しました。

そうして出した答えを今回、四十三の言葉にまとめました。各章の終わりには「奴が飛んできた」「猫のミーヤ」「湖の魚」「この世の終わり」という四つの物語を紹介しています。

僕が届けたいと思っている物語は、読んでくださった方が、少しでも元気になれるような作品です。嫌なことがあった日にも、物語の世界にいる間は、現実から離れられます。

自分を取り巻く状況が変わらなくても、まだまだやれることはあります。

この本を読んで、新しい道が開けたと思ってくださったなら、望外の幸せです。

アメリカ精神医学会の診断基準DSM－5が2022年に改訂され、現在では自閉症、アスペルガー症候群、小児期崩壊性障害、特定不能の広汎性発達障害は「自閉スペクトラム症」として統合されていますが、本書では「自閉症」という言葉を使用しています。

目次

自閉症の僕がみつけた　生きづらい世界の変え方
いつもの景色が輝く43の視点

はじめに　3

第1章　自分のこと

1 悩み　22
時間が経つことで事態は変化する。
悩みは永遠に続かないと信じ一日一日をやり過ごす。

2 自己肯定感　26
「したくないことをしない」という選択で自分を責めることが減れば、
今の自分に満足していなくても少しは楽になれる。

3 何者　30
何者かになりたい。普通になりたい人にとってのヒーローは普通の人。
あなたに憧れている人もいる。

4 評価 34
自分の評価は自分ですればいい。
自分も相手を評価していることを知れば、人の目に怯える必要はない。

5 外見コンプレックス 38
容姿の美しさが与えてくれるものは満足感と賞賛。
だけど、美しい人だけが幸せになるわけではない。

6 無愛想 42
人の魅力は、笑顔だけではない。結局は、その人の個性。
自分らしくいることで損をすることも得をすることもある。

7 ユーモア 46
笑いを誘うことで、みんなが笑顔になる。
誰も傷つけない笑い、それが最高のユーモア。

8 愚痴 50
自分は善人なのか、悪人なのか。誰かに愚痴をこぼすことで、
もう一度自分の言動を見つめ直すことができる。

9 先延ばし 54
チャンスは、訪れたときにつかむべきものであって、
行動を先延ばしにしたからといって逃すものではない。

10 心の水槽 58
心というものは、注いでも満タンにはならない水槽に似ている。
満たされるという状態には基準がない。

STORY 奴が飛んできた 62

第2章 人間関係

11 ひとりぼっち 70
「孤独」から恐怖を取り除いたら、残るのは「自由」。
大事なのは、心が健康であること。

12
視線 74
人と目を合わせるのが苦手でも落ち込む必要はない。
目は心の窓。開いていれば、きっと光が差し込む。

13
意見 78
意見を言うかどうかは本人の自由、相手がどう思うかは相手の自由。
自分の投げた言葉のボールが相手の胸にきちんと届くことが重要。

14
言葉の力 82
言葉は生きている。使い方を間違えないように心がけることで、
幸せを分かち合うツールになる。

15
やさしさ 86
誰に、どのくらいやさしくするかは自分が決めていい。
やさしくできない自分を許すことは自分自身へのやさしさ。

16
承認欲求 90
承認を求め続けても、きりがない。いっそ手放してしまったほうが楽。
認められなくても頑張れる人だって、前向きな人。

17
見返したい 94
目標を達成した自分を想像してみる。さらなる高みを目指したいと願う
心の中は、澄んでいるほうが人として美しい。

18
相性 98
自分に合う人、合わない人という区別をやめる。
今日のこの人は、こんな人。ただ、それだけのこと。

19
友だち 102
友だちがいるからこそ素晴らしい人生があるのと同様に、
友だちがいないからこそ味わえる人生もきっとある。

20
恋愛 106
人とつながることと、誰かと恋人関係になることは別のもの。
つながりがその人を縛ることもある。

21
心変わり 110
出会えてよかったと信じる。出会いを後悔しなければ、
別れもまた、やがて美しい思い出の一つになる。

22 親子 114
近すぎるがゆえに距離感がわからなくなり、わがままに。
自分が愛する以上に相手から愛されることを期待する間柄。

STORY 猫のミーヤ 118

第3章 世の中のこと

23 無関心 124
多様性を認める社会が健全な社会。絆の強さだけではなく
人に対する寛容さが、生きやすい世の中をつくる。

24 正しさ 128
他の人が決める正しさは、そのとき誰かが得をするための価値判断。
自分自身が生きるために大切にしている「揺るぎない正義」ではない。

25
同調圧力 132
どう生きたかではなく、何を守ったかという基準で
行動の是非を評価するなら、自己嫌悪に陥ることはない。

26
ネットいじめ 136
言葉による攻撃には、言葉で対抗するしかない。
自分が被害者にも加害者にもなり得ることを、常日頃から自覚する。

27
ひきこもり 140
ひきこもることで本人も得をしているわけではない。
ひきこもっている人にとっては、まず生きることが最優先。

28
差別・偏見 144
差別や偏見はこの世からなくならない。自分が自覚していなくても、
差別をする側、される側、誰もが両方の立場になる恐れがある。

29
福祉 148
福祉を今以上に向上させるためには、「福祉の手助けを
今は必要としていない人たち」の意見に耳を傾けることが、より重要。

30 自由 152
自分らしさから生まれるものは自由だけではない。
少しばかりの窮屈や我慢を他の誰かに強いるものになる。

STORY 湖の魚 156

第4章 生きること

31 夢 164
夢を持つことができたなら、奇跡に等しい。
「夢をあきらめないで」という言葉は、人にではなく、自分にかける言葉。

32 やりたいこと 168
やりたいことがわからないときには、回答をいったん保留にする。
これだと思うものに出合えれば、きっと心が反応する。

33
働く意味 172
働かずに人生を謳歌する生き方に憧れを抱くときもあるが、
自分を褒めてあげたくなるのは、働いているときが一番多い。

34
勝負 176
いつか必ず勝ってやると心に誓うと、素直に負けを認めることができる。
負けを認めることでしか見えない未来がある。

35
決断 180
決断の速さより大事なのは、自分の時間をどのように使うか。
即断即決も優柔不断も、その結果は自分に降りかかってくる。

36
現実逃避 184
現実逃避は現実から逃れられない人間のささやかな抵抗であり、
自分を少しだけ甘やかす時間。

37
再出発《リスタート》 188
後悔しないためには、そのときの結論が正しくなかったとは思わないこと。
たとえ間違っていたとしても、いつでもやり直すことができると信じる。

38 運 192
どうあがいても、自分の力では立ち向かえそうにない運に対してできることは、素直に自分を差し出すこと。

39 過去 196
今の自分は過去の自分がつくってくれた。未来の自分は今の自分がつくる。起きた出来事が思い出に変わる頃、自分は未来と呼んでいた場所にいる。

40 命 200
命の限り生き続けようとする本能にしがみつく生物としての己の姿は、決して美しくないかもしれないが立派だ。

41 将来への不安 204
自分が快適に過ごせた場面を、一日に一回思い返すことで、人生は苦痛の連続ではないことが再確認できる。

42 幸福 208
生きていることが幸せ。自分の「生」を肌で感じ続ける。つらいばかりの毎日でも、幸せを感じる瞬間はある。

自閉症の僕がみつけた　生きづらい世界の変え方

いつもの景色が輝く43の視点

第1章 自分のこと

1 悩み

時間が経つことで事態は変化する。
悩みは永遠に続かないと信じ
一日一日をやり過ごす。

自分を他の人に置き換えて考える

僕たち人間は、実にさまざまな「悩み」を抱えています。僕にもあります。それは自閉症である僕が、どうしたら「普通の人」みたいに振る舞えるのかということです。

悩みさえなければ、どれだけ幸せだろうと考える人は多いですが、人が悩みから解放されることは難しいのではないでしょうか。何をするにおいても人は、大なり小なり悩みながら答えを出しているからです。悩まずに解決法を見出すことはできません。悩むことそれ自体は悪いことではなく、思考することだと思います。

何を悩むのかによっても悩みの深刻度は違ってきますし、表面的には同じ状況に置かれているように見える人同士でも、それぞれに別の悩みを抱えています。その人を取り巻く環境や背景が異なるためです。それだけでなく、何を大事にしながら生きているかで、悩みの種類も変わってくると思います。

僕自身が悩んだとき、どのように対処しているのかというと、悩みをなるべく客観視するよう努力しています。これが自分ではなく、自分以外の誰かだったらどうしただろうと考えるようにしています。

僕は行動が奇妙なために、気がつけば人からにらまれたり、冷たい視線を浴びせられたりすることがあります。すると、とたんに萎縮《いしゅく》してしまい、どこかに逃げ出したくなります。

人とうまく関われないために、謝罪も弁解の言葉も伝えられません。こんな自分は、どうしようもない人間だと暗い気持ちになります。

でも、もしこれが僕ではなく、マンガの主人公だったらどうだろうと考えるのです。うじうじ悩んでばかりじゃない。きっと、この次こそ頑張ってみせるぞと勇気を振り絞るに違いありません。

もし、他の人だったら自分の悩みをどんなふうに解決するだろうと想像することで、新たな解決法を見出せることがあります。

悩んでいるのは誰なのか、それが変われば悩みの中身も変化します。悩みの大部分は、自分の感情がからんでいるせいです。

誰が悩んでいるのかが変わることで、自分が悩みの中で抱いていた感情の部分は取り除かれ、事実にだけ目を向けられるようになるのです。

時間が解決してくれることもある

悩みが解決したら人は幸せを感じます。

「ああ、よかった」「やりきったぞ」「次も頑張ろう」など、感想は一人ひとり違っても、解放感を感じる気持ちは、みんな同じだと思います。

一つ悩みが解決しても、次から次に悩みが増えることがあります。悩みが深刻すぎて、そこから抜け出せない人もいるでしょう。

そんなときは、考えることをやめたほうがいいです。考えることをやめれば、答えは永久に出ないと言う人もいるかもしれませんが、そうとも言いきれません。

時間が経つことで事態は変化するからです。相手の気持ちも変わる可能性がありま す。もちろん自分の気持ちさえも。

時間が解決してくれることもあります。

悩みを抱えて生きることは大変ですが、この悩みは永遠に続かないと信じ一日一日をやり過ごしていけば、必要以上に自分で自分を追い込まずにすむと思うのです。

2
自己肯定感

「したくないことをしない」という選択で
自分を責めることが減れば、
今の自分に満足していなくても
少しは楽になれる。

自分を好きでい続けるほうが難しい

自分を好きになれないと悩んでいる人はいるでしょう。中には、これまで自分を好きだと思ったことがない人もいると思います。

自分が好きではないという気持ちは、誰でも一度は感じたことがあるような気がします。自分を好きでい続けることのほうが難しいと思うからです。

自分を好きでいなければならないと思い込んではいませんか。

自分が好きだから自己を肯定するわけではなく、自己を肯定するから、だんだんと自分のことが好きになっていくのだと思います。

失敗を繰り返してもめげない人やダメな自分を愛せる人は、強くたくましい人です。だから、自己肯定感が低いからといって、自分を嫌いになる必要はないのです。

僕も「自分のことなんて嫌いだ」と思っていた時期があります。みんなが当たり前にやっていることが僕には一つもできなくて、本当に僕はみんなと同じ人間なのだろうかと悩みました。でも、次第に自分は自分でいいのだと考えられるようになったのです。

こんな僕のことを好きだと言ってくれる人がいることに気づいたからです。それは家族であり、先生たちであり、クラスメイトの何人かの人たちです。

自分のことを好きになろうと思ってなれるわけではありません。いつの間にか嫌いではなくなる、自分で自分を許せるようになる、自分にもいいところがあることに気づく、自分を受け入れ前向きに生きていこうと考えるようになる。このような段階を踏んで、少しずつ生きるための心構えができていくのです。

「自分の価値とは何だろう」と悩むときもあるでしょう。自分に価値があるかないかを決めるのは誰ですか。その価値とは、どのようなものですか。価値を測る基準は何ですか。価値とひと言で言っても、明確な規定など何もないのです。

人の価値とは、誰かの役に立つことだと言う人もいるかもしれませんが、あなたが死んだ姿を見て泣いてくれる人が一人でもいるなら、今生きていることに十分価値はあると思います。

今日も生き抜いた自分を自分で褒める

自分のことが好きになれなくても、人生は真っ暗闇ではありません。

元気に生きる、それが一番大事なことです。自分を好きでなくても、失敗ばかりの人生でもしっかり生きる。このしっかりは、日常生活や仕事を人並みにできるようになることではありません。今日も生き抜いた自分を自分で褒めることです。今日のことだけ考えていれば、つらい毎日もそのうち過去になっていきます。

僕は、どのような道を選んだとしても、後悔のない人生などないと思っています。でも、後悔をできるだけ小さくすることはできるのではないでしょうか。

したくなくても、どうしてもしなければいけないことはあるでしょう。何かを決断する際、自分がどうしたいのかを考えても実現できないこともたくさんあります。

どうしたいかではなく、どうしたくないのかを考え実行することで、したいことをしたときと同じような達成感が得られます。「したくないことをしない」という選択を続けることで、自分を責めることは減ります。自分で自分を責めなければ、たとえ今の自分に満足していなくても、少しは楽になれるのではないでしょうか。

そうすることで、自己肯定感を少し高めることができると思うのです。

3 何者

何者かになりたい。
普通になりたい人にとっての
ヒーローは普通の人。
あなたに憧れている人もいる。

自分が何者でもないことは不安？

自分という人間は何者か。そんなことを誰もが一度は考えたことがあるはずです。普通であることが嫌だという人がいます。かたや普通になりたいと、もがく人がいます。人間の中には「普通の人」という枠があって、そこから飛び出したい人と、そこに入りたい人が存在するのでしょう。

「普通になりたい」と言う人の気持ちはわかります。なぜなら、僕自身が自閉症という障害を抱えているからです。そのせいで、僕は何者かになりたい人の気持ちに共感するのが難しいのかもしれません。

「普通ではない何者かになりたい」

これは、普通の人が持っているものは全部持ったうえで、それ以上のものを手に入れたいということなのでしょうか。それとも、今の生活では得られない地位や名声、お金や人間関係、そしてやりがいを持てる人になりたいのでしょうか。

何者かになりたいともがき苦しむ、自分が何者でもないことに不安を感じる。人間というのは、自分を追い詰めることで、さらなる高みを目指したい動物なのだと思います。

自分という人間のあるべき姿に悩む人は立派に見えます。たとえば「何者にもなれない人」「何者にもなろうとしない人」「何者かになりたがる人」、この三者の違いは、どこにあるのでしょう。

「何者」という、あいまいな表現を使うから、何が問題なのかを理解できないのです。「警察官」に職業を当てはめてみると、言わんとしている内容が、よくわかります。「警察官にもなれない人」「警察官にもなろうとしない人」「警察官になりたがる人」、「医者にもなれない人」「医者にもなろうとしない人」「医者になりたがる人」、こう書けば、理由までも何となく想像できます。

「何者」という言葉は、ただ単に「誰？」と尋ねている言葉とは、少し異なります。「何者かになりたい」と言うときの「何者」は、ある一定以上の能力が必要な仕事や人がうらやむ経済力、憧れられる人間性を総称している言葉なのだという気がします。

何者って何？

僕は作家であり続けたいと願っています。一方で、「普通の人」という枠に入れなかった僕の「何者」が「作家」なのかと問われたら、それは違うような気がします。「普通の人」に憧れていた僕にとっての「作家」は、「普通の人」ほどの存在ではないからです。

何者かになりたいという漠然とした思いを持ち続けながら生きている人もいるでしょう。

「何者って何だろう」

そう考えている限り、その人にとっての何者が、どんな人を指すのかは見えてこないのかもしれません。

見えなくても、僕はいいと思います。何者かになりたがる気持ちは、ヒーローに憧れる気持ちと同じだと思うからです。

普通になりたい人にとってのヒーローは、普通の人なのです。あなたに憧れている人がいることを知れば、あなたの望んでいる「何者」が誰を指しているのかも、そのうちわかる日が来るような気がします。

何者かになりたいあなたを僕は応援しています。

4 評価

自分の評価は自分ですればいい。
自分も相手を評価していることを知れば、
人の目に怯える必要はない。

人の目を気にしたからといってどうにもならない

たいていの人は、他の人からどう見られているだろうと警戒しながら行動してしまいがちです。

自分を誇示したり、他人と競争したり、こんなことをしても意味がないのかもしれないと頭の隅で思いながら、少しでも自分を高く評価してほしいと奮闘したりします。人の目というものは、なぜこれほどまでに気になるものなのでしょう。人にどう思われてもいいと言いきれる人は強い人です。それならば、人の目が気になる人は、弱い人なのでしょうか。そんなことはありません。

僕自身は、他人からの評価を大人になってからは過度に気にすることはなくなりました。気にしたからといって、どうにもならないことがわかったからです。

僕の言動だけを見た人の中には、重度の自閉症者である僕が、こんな文章など書けるはずがないと言う人がいます。僕の文章だけを読んだ人の中には、僕が重度の自閉症者であるはずがないと言う人もいます。僕は自分のことを理解してもらうことをあきらめたわけでも、自暴自棄になっているわけでもないのですが、わかってもらうことにも限界があるのだということを知りました。

他の人の言葉ばかり気にしていると、自分がどう生きたいのかという人生の最終目標を見失ってしまいます。

自分の人生なのですから、自分の評価は自分がすればいいのです。

自分が下した自分の評価は、他人が行う評価で変わるものではありません。本当は自分がどのような人間か自分だけは知っています。

他人から評価されて落ち込んでいる人を見ると、僕は声をかけてあげたくなります。「あなたは十分素晴らしい。他の人の言うことなんて気にしないで」

他の人の評価によって行動は変えられると信じている人もいます。けれど、人の評価は自己肯定感に影響を与えることはあっても、行動を変えるきっかけには、なかなかならないと思います。なぜなら評価とは、自分の行動を見て他の人が出した結論だからです。

気づかないうちに誰かを評価している

「あなたの能力は、これくらい」「君は、こんな人」

誰かがあなたのことを、そんなふうに決めつけます。おそらく、その評価に満足しているのは、あなたではなく評価した人でしょう。

考えてみれば、人間関係を円滑にするための判断材料として、あらゆる場面でみんな他の人から評価されています。言い方を変えれば、あなた自身も評価されるばかりではなく、気づかないうちに誰かを評価しているということです。

自分で自分のことをよくわかっていれば、人にあれこれ言われても話を聞き流すことができます。それは聞かないことではないのです。自分に有益だと思うことは参考にして、必要ないと思ったことは受け入れない。このような判断こそが、自分が出した相手への評価になります。

評価されているだけに見える人も、実は、相手を評価していることを知れば、人の目に怯える必要はないことに気づくのではないでしょうか。

5 外見コンプレックス

容姿の美しさが与えてくれるものは
満足感と賞賛。だけど、
美しい人だけが幸せになるわけではない。

どうして美しくなりたいのか

自分の容姿が気になる人というのは、どんな人でしょうか。美男美女の中にも、何かしら容姿にコンプレックスを持っている人はいると思います。常に人の目が気になり、自分の理想の美を追求し続ける人もいるでしょう。それは特別な思いではないような気がします。誰だって、人に素敵だと思われたいし、好きだと言われたいのですから。

その人がどんな人か、まず判断材料となるのが外見です。きれいかどうかだけでなく、自分の好みかどうかも重要になってきます。

美しい人というのは、そこにいるだけで絵になります。だから、みんなが憧れるし、自分もそうなりたいと願うのでしょう。

見た目や外見に自信が持てないせいで、人との関わりが苦手、引っ込み思案だという人に対して、僕は「気にしないで」とは言えません。気にしたくないのに気になってしまう、その気持ちがよくわかるからです。その人は外見に自信が持てないために、これまでにも嫌な思いをしてきたのでしょう。

もしも周りにいる人全員から、「今のあなたが好き」「どうか、そのままでいて」と懇願されたら、あなたはどうしますか。「もっと、美しくなりたい」というあなたの望みは、それでも変わらないでしょうか。

どうして美しくなりたいのか、その理由が問題なのだと思います。あなたが美しくなって手に入れたいものとは何なのでしょう。

外見の美しさが与えてくれるものは、容姿に対する満足感と賞賛です。

永遠に見た目を維持することはできない

僕自身は、自分の言動は気になるものの、容姿そのものは気にしていません。人に何か言われても「そうなのか」と思うだけです。それは、自分に自信があるわけでも、自分の容姿に満足しているわけでもなく、自分の容姿がいいのか悪いのか、まったくわからないからです。

それから、もう一つ、人間は誰もがいずれ老いていくと知っているからです。どんなに美しい人も、永遠にその見た目を維持することはできません。容姿が美しいことで手に入れたものが大きければ大きいほど、失ったときの悲しみは、計り知れないのではないでしょうか。

そのときの喪失感は、他の誰にもわかってもらうことなどできないと思います。なぜなら、人がうらやむほどの美しさというものは、天性のものであれ、努力でつかんだものであれ、ひと握りの人だけが持っているものだからです。
外見に自信のある人が、外見に自信のない人の気持ちがわからないように、外見に自信のない人には、外見に自信のある人の気持ちはわかりません。外見に自信があるがゆえにそれを失うとき、その人の心の中にどのような変化が起きるのか、想像することは難しいと思います。

人生の価値をどこに置くかで人の幸せは違ってきます。容姿を気にしない人は、容姿を気にしていない代わりに、別のことを気にしているのかもしれません。経済力や学歴、才能や余暇の過ごし方、それから心のありようまで、何に価値を置くかは人それぞれです。

容姿は気にしない僕も、今の自分の気持ちに関しては、いつも敏感です。心にわだかまりがあるときには、その答えを探すために必死で思考します。

容姿がいいに越したことはないと思う人が多いでしょう。でも、これればかりは生まれ持った個性もあるため、自分の思い通りにはいきません。ただ言えることは、美しい人だけが幸せになるわけではないということです。

6 無愛想

人の魅力は、笑顔だけではない。
結局は、その人の個性。
自分らしくいることで
損をすることも得をすることもある。

自然な表情が一番いい

無愛想で悩んでいる人がいます。いつも笑顔でいられれば、自分も周りも幸せに違いありません。笑顔には、人の心を癒やす力があるからです。けれど、笑顔でいられないときや笑顔をつくるのが苦手な人もいます。

僕も、意識して自分で笑顔をつくることはできません。

笑顔は「あなたのことを嫌いじゃないよ」という、一つのアピールだと思います。他の人の前で笑顔がつくれない人は、このアピールが下手なのでしょう。誰かと一緒にいることが、あまり得意ではないのかもしれません。

僕もそうです。一人でいるときのほうが気楽で、誰かと一緒にいるときは落ち着かず、人の顔色をうかがったり、迷惑をかけていないか気になったりします。

だからといって、人が嫌いなわけではないのです。他の人と過ごす時間も楽しいと感じています。

笑顔は、誰もがつくれるもののように思われていますが、実はとても難しい表情なのかもしれません。

心から楽しいと思ったり、おもしろいと感じたりすると、自然と笑みがこぼれます。

でも、さあ笑わなくちゃと思ったとたん「笑顔って、どんな顔だっけ？」ととまどう人は、少なくないでしょう。

何を考えているのかわからないと、僕はよく言われていました。それなら笑顔でいようと努力したこともあります。目を細めて、ニッと口角を上げてとイメージしてやってみますが、何だかしらじらしい。おまけにその表情を維持し続けるのがまた大変です。これは自分の顔じゃない、そんな気がして、すぐに無愛想な顔に戻ってしまいます。

でき上がった写真を見ても、無理に笑っている顔は、全然楽しそうではありません。いつもの顔のほうが、よほど自分らしいのです。

自然な表情が一番いい。笑顔をつくれなくても「まあ、いいか」と僕は思えるようになりました。笑顔をうまくつくれないことを、深刻には悩まなくなったのです。

自分を慰めるための最適な言葉を探す

笑顔の素敵な人の周りには、人がたくさん集まっています。いいな、うらやましいなと思っても自分にはできない。どうしたものかと落ち込みますが、社交的ではない性格は変えようがありません。

それでも、僕と一緒にいてくれる人は、たまに僕が笑顔を見せると、宝くじに当たったかのように喜んでくれます。いつも笑顔でいる人は、笑顔でなければ心配されるのに、ちょっと笑顔を見せただけで人に喜んでもらえるなんて、僕は得をしているなぁと感じます。

僕は、自分が愛想なしだと自覚しているので、愛想のない人を見ても、笑顔が足りないとは思いません。人の魅力は、笑顔だけではないと知っています。態度、そして言葉遣いの他にも、仕草やさりげないやさしさ、そばにいるときの居心地のよさなど、口ではうまく説明できない互いの相性や存在感も、好感度を決める重要な要素です。

結局は、その人の個性なのでしょう。自分らしくいることで損をすることもありますが、得をしていることもあるような気がします。

もし、飲み会やパーティーなどで、ひとりぼっちになったとしたら、心の中の自分と会話してみてください。思ったことや考えたことを自分に語るのです。感じたことを言葉にすれば、自分の気持ちを整理できます。

僕の「まあ、いいか」は、自分を慰めるための最適な言葉なのです。

7 ユーモア

笑いを誘うことで、
みんなが笑顔になる。
誰も傷つけない笑い、
それが最高のユーモア。

「おかしみん」と「はずかしみん」

自分はおもしろいことが言えないからといって、人の輪の中に入るのをためらってしまう人もいるようです。

ユーモアのある人は素敵です。ユーモアとは、人の心を和ませるようなおかしみのことですが、「おかしみ」という単語から気づいたことがあります。

僕は時々、意味不明な言葉が口から飛び出します。その言葉は、昔CMで覚えた言い回しやお気に入りの絵本の一節などですが、なぜ覚えたのかわからないフレーズも多いです。僕が言葉を選んで言っているわけではなく、脳が勝手に再生ボタンを押しているかのように、言葉のほうから外に飛び出すような感じなのです。

「おかしみん」「はずかしみん」という言葉もそうです。「おかしみん」「はずかしみん」という言葉は、二つ同時に覚えました。だから、「おかしみん」のあとには必ず「はずかしみん」という言葉がついてきます。

僕がこの言葉を言うと、どういう意味かみんな知らないのに、クスッと笑ってくれます。そうすると、僕も何だかうれしくなります。その場が楽しい雰囲気になるからでしょう。

僕の意思とは関係なく口から飛び出してくる言葉のせいで、周りの人に迷惑をかけることもありますが、言葉一つでみんなを喜ばせることができたときには、僕も幸せな気分になります。

「おかしみん」「はずかしみん」は「おかしい」や「恥ずかしい」に「みん」がついた言葉です。「みん」そのものに意味はなく、「～けん」や「～さー」など語尾に特徴のある方言と似ています。この言葉を、いつ、どこで耳にしたのかは覚えていませんが、発音がかわいく聞こえて、僕の記憶に強く刻まれたのだと思います。

笑いを誘うことで、そのときにはみんなが笑顔になります。それまで怒っていても、泣いていても、争っていても、一瞬平和になります。そこで感情がいったんリセットされるからです。

みんなを笑わせることは誰にでもある

ユーモアのある人とない人は、どこが違うのか。一番の違いは、勇気があるか、ないかだという気がします。

「今、こんなことを言って大丈夫かな?」

最適のタイミングを見計らう、気のきいた言葉でなければ、ユーモアとは言えず不快に思われかねません。

ユーモアのセンスは身につけようとして身につくものではないでしょう。場を読む力と言葉に対する感性が必要なものだからです。両方とも習って覚えるものではなく、自然と身につくものだと思っています。

僕は無理にユーモアを身につけようとしなくてもいいのではないかと考えています。生活をしていく中で、たまたま笑われてしまった経験はありませんか。そのときには、顔を真っ赤にしながら、穴があったら入りたい気持ちになりますが、みんなを愉快な気分にさせていることは間違いありません。

ユーモアのある人になろうとしなくても、みんなを笑わせることは誰にでもあります。それで十分だと思うのです。

僕の口から飛び出す言葉で誰かを笑顔にできたなら、僕の気持ちは、変なことを言ってしまったと落ち込んでいるままではありません。暗く沈んだ海の中から浮上し、明るい日に照らされたみたいな気分になります。

誰も傷つけない笑い。それが最高のユーモアではないでしょうか。

8 愚痴

自分は善人なのか、悪人なのか。
誰かに愚痴をこぼすことで、
もう一度自分の言動を
見つめ直すことができる。

愚痴を聞かせる相手は選ぶ必要がある

誰でも愚痴を言いたくなるときはあります。愚痴を言わずにはいられない、それは悪いことでしょうか。愚痴を聞いている人は、なぜ不快になるのでしょう。

愚痴というのは文句や心配事です。多くの人が、どうにかしたい、嫌だ嫌だと愚痴りながら問題に向き合います。困っているのであれば対策を考えるべきなのに、愚痴を言っている間は、人からの建設的な提案はあまり受け入れられません。話を聞いてもらうことが目的だからでしょう。とにかく聞いてもらわなければ気がおさまらないのです。

愚痴を聞いているほうは、今は何を言ってもダメだとわかっているので、ほとんどの場合、聞き流しているのではないでしょうか。ちゃんと聞かなくても大丈夫、内容を把握してもしなくても、その人は話し続けるのですから。

話している最中に愚痴を止めるのは難しいと思います。愚痴を止められると、自分を否定されたような気分になるせいです。聞いてもらいたいから話しているのに、意見されたり聞いてもらえなかったりすると、愚痴を言いたい人の怒りや不満は、愚痴を聞いてくれない人にも向けられます。愚痴を聞く人は、とりあえず黙って聞いてあげたほうがいいような気がします。

相手の愚痴を聞いて自分が苦しくなってしまうのなら、相手が愚痴を言い始めたらすぐに、用事があるふりをして席を立つか、逃げるべきだと思います。途中で話をさえぎられるから、その人は怒るのです。

愚痴をこぼすことが悪いのではありません。愚痴を聞きたくない人に、話を聞かせようとするのがいけないのです。

愚痴というのは、聞いたからといって得になるような内容ではないことが多いので、愚痴を聞かせる相手は選ぶ必要があります。気持ちを受け止めてくれる人にだけ話すよう心がければ、お互い嫌な気持ちにはならないと思います。

愚痴を言わない人もいます。悩みがないというより、人に言っても解決しないと考えているのかもしれません。自分の気持ちの中で、不平不満を上手に消化できているのでしょう。

愚痴を言う人も最終的には、自分なりに解決方法を探しているはずです。ただ、気持ちの整理ができるまで、一回は言葉にして誰かに聞いてもらうという作業が不可欠なのだと思います。

愚痴をこぼして落ち込む場合もある

僕も愚痴を言うときがあります。パニックになったとき、自分がどんなに迷惑をかけたのか、パニックがおさまったあとに自分でも気づきます。「ごめんなさい」と謝りますが、「もう、どうしようもない、消えてしまいたい」とグズグズと家族に僕の気持ちを伝え、どうしてこうなったのか説明します。

聞いてくれる人がいる際には、誰でも誇張して話をしてしまいがちです。特定の人を悪者にしたり、大げさにしたりしなければ、内容がおもしろくならないからです。状況を言葉で説明するとき、客観的に話をすることは大切です。

愚痴をこぼすことで気持ちがすっきりする場合もあれば、落ち込む場合もあります。自分は善人なのか、悪人なのか、愚痴の中に登場する己の存在に心は揺れ動きます。善人なら気持ちは少し軽くなり、悪人なら余計に自分を責めてしまうこともあるのではないでしょうか。

誰かに話すことで、もう一度自分の言動を見つめ直すことができる、それが愚痴のいいところだと思っています。

9 先延ばし

チャンスは、
訪れたときにつかむべきものであって、
行動を先延ばしにしたからといって
逃すものではない。

何もかも計画的にやれる人のほうが少ない

すぐに行動できなくて、先延ばしにしてしまうことに悩む人は多いようです。

僕も、よく先延ばしをします。「明日でいいか」と思うことで、今日を元気に生きることができるからです。

たとえば、作品づくりをする際にイメージに合う言葉が見つからなければ、無理にその日に仕上げようとはしません。考えなくてもいいと思うことで、気持ちが楽になるからです。ストレスをため込んだ状態では、僕の場合、思った通りの作品は書けないような気がします。

先延ばしをして人に迷惑をかけるのだとしたら、それはよくないことです。仕事なら期限内に終わらせるべきです。けれど、誰にも迷惑をかけないなら、先延ばしにするのも一つの方法です。

先延ばしにしてしまう理由には、面倒くさい、やる気が出ない、完璧主義、失敗が怖いなどが挙げられますが、どのような理由があるにせよ、今はやりたくないのです。やらないわけではないのでしょう。いずれ大変になる、ストレスがたまるとわかっていても、今やれないのは、今やるというストレスがかなり大きいのだと思います。

「先延ばしにしてしまう人は、どんな人？」と聞かれたら、僕は「ごく一般的な人」

と答えます。何もかもを計画的にやれる人のほうが少ないと思うからです。

「先延ばしにしてしまう人は、チャンスを逃す」と言う人もいますが、チャンスは、訪れたときにつかむべきものであって、行動を先延ばしにしたからといって逃すものではありません。

予定のほうを変える選択もあり得る

行動を先延ばしにするのが癖なら、もともと、計画のほうに無理があるのでしょう。自分が理想とする予定と実際の行動が合っていないのだと思います。

これくらいで終わるはずだろうと考えていた予定は、心と体が元気な状態で計画されたものだったのではないでしょうか。体はともかく、心はなかなか自分の思うようにはなりません。やらなくてはいけないとわかっていても、駄々をこねるからです。わがままな自分の心をなだめすかし、やるべきことに向かわせるのは至難の業《わざ》です。

心はいつも正直です。自分がやりたいことなのか、やりたくないことなのか、やらざるを得ないことなのか、その人の味方になって、負担がないかどうかを判断してくれます。少ししんどくなると、心がアドバイスしてくれるのです。

「こんなに詰め込んだら疲れちゃうよ、他の人にできても、君には無理、無理」

そんな心の声が聞こえてきます。

行動の先延ばしはいけないと考え克服できるなら、それでいいでしょう。時間をより有効に使えるようになれば、今よりもっと充実した生活を送れるようになると思うからです。

やるべきことを先延ばしにしながらも今の生活に満足しているなら、先延ばしにすることは、心身のバランスを保つうえで重要な役割をしているような気がします。

人はストレスから逃れることはできません。ストレスと上手に付き合うためには、自分の心と向き合わなければならないのだと思います。予定に振り回される自分が嫌なら、予定のほうを変える選択もあり得るのではないでしょうか。

10 心の水槽

心というものは、
注いでも満タンにはならない
水槽に似ている。
満たされるという状態には基準がない。

水槽の大きさが問題ではない

「心が満たされない」

そう思うことはありませんか。

どのようになれば心は満たされるのか。今の不満が解消されるためには、何が必要なのでしょう。

心というものは、注いでも注いでも満タンにはならない水槽に似ているみたいな気がします。心が満たされないのは、次々に欲が出てくるからでしょう。

心が満たされているのかどうかは、本人にしかわかりません。満たされるという状態には基準がないからです。

些細《ささい》なことにも幸せを感じ、いつも現状に満足している人がいます。そういう人は、自分はなんて幸せなのだろうと、ことあるごとに口にします。たとえ人からは、物理的に満たされていないように見えても、心は満たされているのでしょう。

一方で、何不自由なく暮らし、恋人や友人、家族にも恵まれているように見えるのに心は満たされず、虚《むな》しさを抱えながら生きている人もいます。もしかしたら、心が満たされないと感じている人は、これまでも心が満たされた経験が、あまりないのではないでしょうか。

心が満たされている人と満たされていない人、両者は何が違うのでしょう。

僕は、心は水槽に似ていると書きましたが、水槽の大きさが問題ではないと思います。水槽には水さえあればいいわけではありません。酸素を取り込むための装置が必要です。水槽の底には石や砂を敷き、水草も植えたほうがいいでしょう。

何より、夢や希望という名の魚がいなくては、水槽は役目を果たすことはできません。結局、水槽にどれだけの量の水を注げるかが重要なのではなく、水槽の中の生き物にとって、どんなに心地いい環境の水槽にするかが大切なことだと思うのです。

植物プランクトンだけの水槽で十分

現状に満足している人というのは、自分の心の状態に満足している人なのかもしれません。小さな水槽しか持っていないとしても、毎日きれいにお掃除し、自分の気に入った魚を飼い、きちんと餌をあげているのです。

心が満たされたと思えない人は、水槽にどんな魚を飼えばいいのか、水槽に足りないものは何かを観察していない人のような気がしてなりません。

本当に望んでいるもの、それに目を向けることで、水槽をどのような状態に保てば、自分が満足した生活を送ることができるのか、そのことがわかってくると思います。

僕の水槽は、ほんのわずかな水しか入らない、すごく小さな水槽です。中で泳いでいるのは植物プランクトンだけですが、僕はこの水槽で十分なのです。植物プランクトンなら小さな水槽でも、手入れをしなくても、元気に生きることができます。

植物プランクトンが生きているかどうかを確かめるために、僕は時々、水槽の中を覗《のぞ》きます。水面には、僕の顔しか映りませんが、胸に手を当てこの水槽で生きているであろう植物プランクトンを頭の中で想像するだけで、僕の心は満たされるのです。

植物プランクトンは、目に見えない小さな生き物ですが、だからといって僕の夢や希望が小さいわけではありません。

他の人には見えなくても、僕の頭の中では、ちゃんと想像できているからです。

人に自慢する必要も見せる必要もない、自分だけがわかればいい、それが僕の心の中に生き続けている植物プランクトンです。

STORY

奴が飛んできた

奴は、雲の切れ間から現れた。

最初は虫かと思った。遠くからブンブン飛んできてうるさい。手で払っても近づいてくる。

どんな虫かとよく見てみると、人の形をしているではないか。

「わあー」

思わず大声が出た。びっくりして地面に尻もちをつく。

あれよあれよという間に、虫はみるみる大きくなって、僕と同じくらいの背丈になった。

宇宙人？

あまりの驚きに声も出ない。

奴は、僕がなぜ騒いでいるのか気にもとめていない様子で、「えっと、君は誰かな？」と僕に質問する。

それを言うのは僕のほうでしょ。

腹が立ってきた。

「あっ、あなたこそ、だ、誰……ですか？」

すると奴は「へへへ」と笑い、「だよね」と言った。

やばいぞ、関わらないほうがよさそうだ。

奴にくるりと背を向け、僕は逃げ出した。


何なのだ、奴はいったい。どこに行けばいいのかわからないけれど、とにかく逃げるしかない。

僕は全速力で走った。息が切れて、汗びっしょりになる。

もうダメだと思ったとき、ふいに体が宙に浮いた。手足をばたつかせる。無重力空間にいるかのように軽くなる。

このまま、空に吸い込まれるのだろうか。

なんで？　なんで？


気がつくと、僕は雲の上にいた。周りは、濃い霧がかかったように白い。

もしかして、ここは天国なのか。

放心状態の僕に声をかけてきたのは、さっきの奴だ。

「逃げちゃダメだろ」

そうなのかと僕が思うはずがない。何て言い返そうか考えていると、奴は言った。

「どうして俺が、君の前に現れたと思う?」

そんなこと知るかと言いたかったが、怖くて何も言えない。

「俺は、君の分身だからさ」

「分身……」

予想外の答え。聞き間違えたのかと思い、その言葉を何度か繰り返し口にしたあと、僕の怒りが一気に爆発した。

「嘘つけ! だいたい、僕のこと知らなかったくせに、何を言っているんだ!」

やぶれかぶれだ、奴につかみかかる。

「ごめん、ごめん、ちょっと、からかっただけさ」

奴が僕の肩に左手を乗せた。その瞬間、停止していたビデオが再生するかのように僕はすべてを思い出した。


ああ、そうだった。

僕が暮らしている地上では、人間が存在している世界は一つで、過去から現在、未来へと時間は流れると考えられている。そして、この世に自分はたった一人しかいないと、みんなが信じている。

けれど実際は、地上から宇宙まで世界は縦に三つの界層に分かれているのだ。そのため、一人の人間の魂も三つに分離している。つまり、地上以外にもあと二つの界層に僕という同じ魂を持った分身が存在しているのだ。

地上にいる僕が死ぬまで、分身たちも各々の世界で修業をしているというわけである。

僕と二人の分身、この三人の魂が集まって一人の人間なのに、どうしてそんな当たり前のことを僕は忘れていたのだろう。

分身の存在を知ると人は弱くなるからだ。三人のうちの誰かが頑張ればいいと思うから修業している間、三つの界層の記憶は消されてしまう。

三つの界層には、それぞれ名前がある。

この天空は「頂点」、地上と天空の間の空間は「スカイ」、そして地上は「地底」と呼ばれている。

魂は自分探しをやめない。どこかにいる自分の片割れを追い求めさまよう。

仕事や勉強に集中するためには、できるだけ雑念を追い払いたい。魂が孤独に襲われて行き場を失う前に、僕と分身たちは、たまに顔を合わせて、あるべき真の姿に戻るのである。

そうこうしているうちに、「スカイ」にいる分身も空の上に現れた。記憶が戻っていないのか、かなり焦っている。

奴がスカイの分身に駆け寄り、何か話しかけたあと、その分身の肩に左手を置いた。スカイにいた分身は最初、夢から覚めた人のようにぼーっとしていたが、ほどなくして二人の笑い声が聞こえてきた。

二人の分身が、こちらに歩いてきた。僕はスカイからやって来た分身と挨拶を交わす。

三人は近況を語り合ったあと、肩を組んで輪になった。僕と二人の分身、三人の魂が合体した。

みんなの記憶が溶け合う。魂が一つに融合し僕の心は満たされた。手の平から伝わる互いの体温は、僕に生きる勇気を与えてくれた。

「それじゃあ、また」

僕と二人の分身は、固く握手をした。

奴が、僕の背中を押す。

景色が揺らぎ、いつの間にか僕は、元いた場所に戻っていた。

再び空の上の記憶が消える。

雲の切れ間から光が射した……まぶしい。僕は目を閉じた。

まぶたを開けると、目の前に小さな虫が飛んでいる。

「虫も生きているんだよな。お前も頑張れよ」

誰かと話したい気分の日は、虫にまでやさしい気持ちになれる。

虫は、空高く飛んでいった。

すごいな、あんなに飛べるなんて。

僕だって、もっと頑張れるはず。気持ちが高ぶる。両手を高く掲げ、僕は思いきり背伸びをした。

第2章 人間関係

11

ひとりぼっち

「孤独」から恐怖を取り除いたら、
残るのは「自由」。
大事なのは、心が健康であること。

孤独は「味わう」もの？

「孤独」という言葉からは、何を想像されるでしょうか。ひとりぼっち、寂しい、誰にも相談できない、話す人がいない、そして死。ほとんどが悲しくつらいというイメージだと思います。それは人間が、一人では生きられないからでしょう。

僕も孤独は好きではありません。でも、みんなとうまく関われないために、つい、一人になろうとします。一人でいれば嫌な顔もされず、叱られることもないからです。

小さい頃は一人でいることを寂しいと感じていましたが、今ではそれが普通になり、そういう自分をかわいそうだとは思わなくなりました。周りを見ていると人間関係で苦労している人もたくさんいて、孤独でいる苦しみと同じように大変な思いをしながら生きている人がいるということを知ったからです。

孤独には、「味わう」という動詞がつくことがあります。味わうという言葉の意味は「身にしみて経験する、体験する」です。孤独を味わうなんて、何だかおかしく感じませんか。

人間は、社会という枠の中でしか生きられません。一人で生きていくことは物理的に不可能です。それでも世の中には、できるだけ人と関わらずに暮らしたいと思っている人もいます。

「人と関わらずに生きること」と「孤独」は、似ているようで違うのではないかという気がします。人と関わることを避けている人を見ると、周りの人は、すぐさま「孤独」という言葉と結びつけ同情します。けれど本来、孤独とは他人が決めるものではなく、その人から湧き出る思いです。一人でいる人が、全員孤独を感じているかどうかはわかりません。

孤独についての悩みの多くは、頼れる人がいない、話す人がいないことではないでしょうか。

もし孤独から、恐怖を取り除いたら何が残ると思いますか。僕は「自由」だと思っています。今の僕は、他の人から見れば孤独に見えるかもしれませんが、気の向くまま心任せに日々を送っています。

「孤独を味わう」

苦しむどころか、一見、悠長にさえ感じるこの言葉は、心で感じる言葉として生まれたのかもしれません。

あきらめずに助けを求める

孤独を怖がる気持ちは、どんな人も持っていると思いますが、怖がっている限りは大丈夫です。なぜなら怖がる気持ちがある限り、人は孤独を避けようとするからです。

今、強い孤独を感じて苦しんでいるとしたら、あなたの心が一人でいることを拒否しているのでしょう。それならば、すぐに誰かに相談してください。思い通りに解決できなかったら、また別の人に相談してください。あきらめずに助けを求めていれば、いつか必ず孤独から抜け出すことができると思います。

それとは別に、僕のように一人でいることが自由だと考える人もいるに違いありません。そんな人には、気がすむまで大空を羽ばたく鳥のように気ままにこの世界を旅してもらいたいです。大空から見える風景には、きっと地上では得られない解放感があるからです。

孤独を一度も感じたことのないまま一生を終える人はいないでしょう。孤独は嫌なものです。だからといって、孤独を恐れるあまりに人とのつながりを意識しすぎて人間関係に悩んでいるのだとしたら、あなたの心は、孤独に苦しむ人と同じくらい疲れています。

大事なのは、心が健康だということではないでしょうか。

12
視線

人と目を合わせるのが苦手でも
落ち込む必要はない。
目は心の窓。
開いていれば、きっと光が差し込む。

いつもと変わらない景色を確認する

人の目を見て話すのが苦手。自信がないように見られたり、信用できない人と思われたりするので改善したいが難しい。このように人と目を合わせられないという人は、意外に多いのではないでしょうか。

理由は、人が臆病《おくびょう》だからだと思います。一人では生きられないのに、他人を恐れてしまうのです。

朝、目覚めて僕が最初にやることは、周りをきょろきょろと見回すことです。それは、誰かが自分を見ているような気がしてならないからです。

誰もいないことを確かめると、急いで布団から出ます。すると今度は後ろが気になり、振り返って後ろを見ます。

誰もいるはずがないのに、僕は毎朝同じことを繰り返すのです。

いったい何をしているのだろう。自分の意思より先に、目玉が動いているのではないかと思うときさえあります。いつもと変わらない景色を確認しなければ、僕は安心できないのでしょう。

変わらない日常がここにある、僕の目は、ただそれだけを求めているのです。

人からじっと見られるとつらくなります。監視されているような気分になるからです。けれど家族であれば、どれだけ見られても平気です。僕を悪くは思わないという安心感があるからだと思います。

僕が人の目を見るのが得意ではないのは、目を見ていると相手が何を言っているのかわからなくなり、聞こうとすると見ているものが何かわからなくなるせいです。

目は口ほどに物を言う

人と話すときには、目を見て話さなければいけないと、これまでいろいろな人から注意されましたが、いまだに僕は人の目を見て話すことができません。

小さい頃から、僕はあまり人と目を合わせませんでした。そんな僕が、初めて母の黒目の中に、自分の顔が映っているのを発見したときには、びっくりしました。

〝どうしてこんなところに僕がいるのだろう〟と不思議に思うと同時に、この現象をとても神秘的に感じたものでした。

瞳を覗き込んだときだけ、僕の顔が見える。母の瞳の中には不安そうな僕の顔がありました。母の瞳を見てわかったことは、母の気持ちではなく、僕がどんな思いでいるかだけでした。

年齢が上がるにつれて、目がその人の思いを代弁していることがわかりました。僕がおかしな行動をするたび、刺すような視線で人から見られることも経験しました。

たとえ目を合わせられなくても、その人が心を閉じているとは限らないと思います。僕のように目を合わせることが不得手な人もいます。

「目は口ほどに物を言う」と言います。僕は、相手の目や視線から相手が何を考えているか、どういう人かを積極的に感じ取ろうとしているわけではありませんが、嫌でも感じてしまうことがあります。目には情がこもるからでしょう。

目を合わせられない人は、目を合わせられないからといって落ち込む必要はないと思います。「目は心の窓」とも言います。開いていれば、きっと光が差し込みます。その光を見て笑っていれば、人はあなたを嫌な人だとは思わないでしょう。

あなたが輝いているなら、人はあなたの視線の先を見ようとしてくれます。

あなたが何を追おうとしているのか、その視線の先にこそ、目指すべき未来はあるのではないでしょうか。

13 意見

意見を言うかどうかは本人の自由、
相手がどう思うかは相手の自由。
自分の投げた言葉のボールが
相手の胸にきちんと届くことが重要。

言ってしまった後悔のほうがずっと大きい

自分の意見を言えないという悩みをよく聞きます。

自分の意見を言えないというのは、言わないほうがいいと心のどこかで、そう考えたからでしょう。だから言えないからといって、それほど悩む必要はないと思うのです。

話すということに関しての失敗の多くは、余計なことを言ってしまったことではないでしょうか。

言わなくてもいいことを言ってしまった、誰かを傷つけた、誤解を与えた……意見を言ったあと、あれこれ思い悩みます。これは、言いたいことを言わなかった後悔よりも、ずっと大きいと思うのです。なぜなら、自分の口から出てしまった言葉は、なかったことにはできないからです。

自分の意見を言えない人は、言えないせいでつらい思いをしたり、我慢したりしたことがあるのでしょう。でも、それはほとんどの場合、挽回《ばんかい》のチャンスがあります。

「この次は、こんなふうに言おう」

その反省は未来につながります。

けれど、言ってしまった言葉に関しては、挽回することが難しいのです。どうしてかと言うと、自分の記憶だけでなく、相手の記憶までも修正しなければならないからです。

自分の言葉の何がいけなかったのかを振り返り、謝罪と弁解の言葉を用意することで、自分の気持ちは前向きになります。

ところが、相手の気持ちは自分だけではどうすることもできません。許してくれるのか、反論されるのか、無視されるのか、相手次第と言えます。

意見は自己の言語的表明

自分の意見を言えるようになりたいと思う人が、努力の結果、意見を言えるようになったとして、本当にそれで悩みはなくなるのでしょうか。

僕は、そんなことはないと思います。もしも、その人にとっての心配が自分の意見の内容ではなく、笑われたくない、嫌われたくないなど周りの反応に対する心配であれば、今度はきっと、自分が言った意見に対して同じように苦しみます。

中には、自分の意見がないように見える人もいますが、意見がないという人は、実際にはいないような気がします。

意見というのは、自己の言語的表明です。意見がないことを悪いことのように言う人もいますが、意見がないという主張も、一つの立派な意見です。

ただし、意見がないという心の内を人に伝えても、本人の利益になるとは限りません。

意見を言うかどうかは本人の自由、その意見に対して相手がどう思うかは相手の自由です。

僕は、「文字盤ポインティング」という方法で自分の思いを人に伝えられるようになりました。思ったことをすぐに口に出して話すわけではないので、意見を言う前には、必ず一度、頭の中で自分の考えをまとめます。

どういう順番で言葉を組み立てれば、簡潔かつ真っ直ぐに僕の思いが相手の心に届くのか整理します。

言葉のキャッチボールの中で僕の言葉を相手がどう受け取るかはわかりませんが、直球を投げるにしても、カーブを投げるにしても、言葉のボールが相手の胸にきちんと届くことが重要だと思います。

14
言葉の力

言葉は生きている。
使い方を間違えないように
心がけることで、
幸せを分かち合うツールになる。

言葉が必要でないときもある

「家族や友人、身近な人に何と言葉をかけてあげればいいのかわからない」と悩んだ経験はありませんか。

深い悲しみにくれているときにかける慰めの言葉だけでなく、励ましの言葉や感謝の気持ちなど、伝えたい思いはあるのに、どんな言葉を言えばいいのか、誰しも迷うときがあるでしょう。

同じ言葉でも、誰が言ったかによって印象が変わることがあります。どう受け取るかによって心証も変わります。結局、言葉というものは、言葉を届ける人以上に、その言葉を受け取る人の意識が重要なのです。

誰かを思ってかけてあげる言葉に正解はないと思います。誰がどのような思いを込めて、いつその言葉を伝えるのか、それが大事だからです。

必ずしも、言葉が必要でないときもあるでしょう。どの言葉も当てはまらない、言葉が上滑りしてしまう、そう感じたときには、ただ寄り添ってあげることも、一つの方法だと思います。黙って聞いてもらいたいときがあります。

言葉に関する失敗は、よく聞きます。言葉に頼りすぎるがゆえに余計なことを言いすぎて墓穴を掘ったり、言葉足らずなせいで、相手に誤解を与えてしまい落ち込んだり、多くの人が言葉に振り回されているような気がします。

どんな言葉を使うことが相手にとって望ましいのか、自分にとって最良と言えるのか、相手と自分、両方の立場から言葉を選びすぎてしまうためです。

僕の場合、理由まで話したくないときには、「大丈夫?」と聞かれたら、「全然」とだけ答えます。そのあとに続く言葉は、「全然大丈夫」なのか、「全然気にしてない」なのか、あるいは「全然平気じゃない」なのか、どの言葉が続くかで、僕の気持ちはまったく違います。

それなのに、なぜ僕が自分の気持ちを言わないのかというと、「全然」のあとの僕の気持ちを、質問した人に想像してほしいからです。その人が僕をどう思っているのか知ることで、自分でさえ気づかなかった本当の気持ちに気づくことがあるからです。

言葉が人を救うとは限らない

言葉を言われた人が前向きになれるかどうかは、言葉を受け取る人の心の準備ができているかどうかによるところが大きいのではないでしょうか。

気持ちが真っ暗なときには、どんな言葉を言われても心に響きませんが、少しでも気持ちが明るくなれば、自分や周りがどうなっているのかに目を向けることができます。

言葉が人を救うとは限りません。言葉に傷ついたり、反対に誰かを傷つけたり、気持ちをかき乱されたりすることもありますが、それでも黙っていることができないのは、人が言葉を自由に操れると思い込んでいるせいです。

言葉は生きています。だからこそ、さまざまな感情が見え隠れするのです。言ってもいないことを言ったと言われる、いつの間にか話が大げさになるなど、言葉が一人歩きをしたり、言葉に尾ひれがついたりすることもあります。

創作の際にはパソコンを使っていますが、僕が文章を綴るうえで大切にしていることが三つあります。一つ目は、状況を説明するよりも心情が伝わるように表現すること。二つ目は、誰に伝えたいのか、伝えたい人をイメージしながら書くこと。三つ目は、自分だけがよいと思い込む、独りよがりな文章にならないように気をつけることです。

言葉は、使い方を間違えないように心がけることで、幸せを分かち合うツールになるのだと思います。

15
やさしさ

誰に、どのくらいやさしくするかは
自分が決めていい。
やさしくできない自分を許すことは
自分自身へのやさしさ。

本当にやさしい人は見返りを要求しない

お人よしで、損ばかりしている。やさしすぎる性格に悩んでいる人は、思いのほか多いようです。

やさしさというのは、相手に対する気遣いではないでしょうか。自分に対する評価とは別の問題だと思うのです。

もしも、あなたが自然に人にやさしくできるなら、素敵なことなのかもしれません。けれど自分がいい人であるために、人にやさしくしなければならないと考えているなら、それは真のやさしさではなく、あなたにとって、一つの義務になっています。ただ、誰にでもやさしくするのは難しいことなので、義務だとしても素晴らしいことには違いありません。

人にやさしくしたあとに相手から感謝されたり、周りからの評価が上がったりすれば、やさしくしてよかったと思うでしょう。だけど感謝もされず、誰からも褒められなければ、普通、やさしくしようとするモチベーションは下がってしまいます。やさしくするという行為が相手のためだけではなく、自分のための行為でもあるからだと思います。

やさしくしているのに相手は自分を大切にしてくれない、自分は相手からなめられているると思ってしまうなら、自分のやさしさに対する相手の反応を不満に感じている証拠です。

どれだけやさしくしてあげても「これで終わり」にならないのが、やさしさのよさであり、怖さであると僕は考えています。

自分は相手から都合よく利用されているだけではないかと虚しい気分になるくらいであれば、やさしさを求められても、やさしくしないという選択肢もあるのではないでしょうか。

やさしさについて考えなければいけない一番の問題は、相手にやさしくすることで、自分が苦しみを感じるかどうかだと思うのです。

本当にやさしい人は、相手の立場に立って考えることができます。そして困っている人を助けてあげられたら、自分自身もうれしいと感じるのでしょう。もっとも、それ以上のものを望んではいないような気がします。

無意識のうちに、自分が与えるやさしさと同じくらいのやさしさを相手に求めてはいませんか。本当にやさしい人とは、自分の行為に対して、相手からの見返りを要求しない人です。

やさしい人が得をする世の中ではない

僕自身は、やさしい人間ではないと思っています。いつも、自分のことで精いっぱいだからです。なので、やさしい人を見ると尊敬の眼差《まなざ》しを向けていますが、同時に心配もしています。たとえ「あなたは、やさしい」が褒め言葉でも、やさしい人が必ずしも得をする世の中ではないことを知っているからです。

やさしさが多くの人に幸せを運んでいることは間違いありませんが、だからといって、やさしくない人を責める社会が、いい社会ではないのも事実でしょう。

それでも相手から「やさしくない」と言われたら、僕は「ごめんなさい」と謝ります。役に立てないことを申し訳なく思いますし、僕を責めたくなる人の気持ちもわかるからです。ただし、僕が相手に伝える「ごめんなさい」は、その人に対しての謝罪で、自分自身に対しての謝罪ではありません。

誰に対してやさしくするのか、どのくらいやさしくするのかは、自分が決めていいことだからです。自分のことしかできない自分を許すことは、自分自身へのやさしさだと思うからです。

16
承認欲求

承認を求め続けても、きりがない。
いっそ手放してしまったほうが楽。
認められなくても頑張れる人だって、
前向きな人。

人から認められることはあきらめている

僕たち人間は、他人から褒められたり、認められたりするとうれしいものです。もちろん、人に認められたいという思いを僕自身は、それほど強く持っていません。人から認められればうれしいですが、人から認められることが目的で努力したことは、あまりないような気がします。

どちらかというと、あきらめているのかもしれません。自分の意思と言動が伴わないために、僕はいつも壊れたロボットの中にいるようだと思っています。

誰かに認められたいと望んでいる人がいるとしたら「誰に？」「どんなふうに？」――僕は、まず、その二つの疑問を抱きます。認められるという状況が、どのような状態を指しているのか、人によって違うからです。

認められたら、あなたはどんな気持ちになりますか。どんな気持ちになりたいがために、あなたは人から認められたいのでしょう。

人から認められれば、何だか人間としてワンランクアップしたような気分になるのではないかと思います。それくらい、誰かに認めてもらうということは、意味のあることなのです。

認められることで、嫌な思いをする人はいないような気がします。ただ、認められた場合も認められて終わりではなく、認められたあとには、相応の責任を果たすことや、より認められる行動を求められることがあります。

認められるために頑張る、そのせいで疲れてしまう。それは誰にでもよくあることです。しかし、認められないと自分はダメだという思考に陥る、これは特定の人だけに起こることではないでしょうか。僕自身は、認められなくても仕方ないとは思っても、認められない自分がダメだとは考えません。

認められないと、なぜダメなのでしょう。認めてくれる人が、あなたのことを救ってくれますか。認めてくれる人は、認めてくれるだけではないでしょうか。そこからどうするかは、自分自身が頑張って結果を残さないといけない問題だと思います。

承認欲求はゴールにたどり着くための動機づけの一つ

「承認欲求」というものがあります。承認欲求とは「他者から認められたい、自分を価値ある存在として認めたい」という欲求です。

承認欲求が強い人が幸せになれるとは限りません。なぜなら承認欲求は、永遠に満たされることなどないものだからです。承認してもらっても満足する気持ちは一時的で、すぐにまた、承認してほしいという欲が出てきます。

認められることがゴールではないからです。人から認められればうれしいし自信が湧きます。でも、だからといって、それで自分の目的が達成されたわけではないのです。そのために僕は、人から認められることに、大きな期待をしていないのかもしれません。

承認欲求が満たされないことを、それほど気にすることはないように思います。あなたの人生の責任は、あなたしか取れないのです。最終的に自分が目指すゴールにたどり着けば、承認欲求はゴールにたどり着くための動機づけの一つだったことに気づくでしょう。

承認を求め続けても、きりがないのが現実です。承認欲求も人間の欲だからです。手にしても手にしても欲しくなる気持ちを抑えられないなら、いっそ手放してしまったほうが楽になれるのではないでしょうか。

認められて頑張り続けることのできる人は、前向きな人です。認められなくても頑張れる人だって、やはり前向きな人だと思うのです。

17
見返したい

目標を達成した自分を想像してみる。
さらなる高みを目指したいと願う
心の中は、澄んでいるほうが
人として美しい。

頑張るための動機は何でもいい

いじめられたり、バカにされたり、自分のことを認めてくれなかった人や批判した人に対して、見返してやりたいという気持ちを持つことがあるかもしれません。

誰かを見返すことが目的で頑張る人は少なくないですが、僕は、それでもいいと思っています。なぜなら大事なのは、頑張れる状況を自分でつくることだと考えているからです。

競争意識というものは、誰でも持っているでしょう。

見返す気持ちで頑張るなんて、褒められた動機ではないと思う人もいるかもしれません。でも、頑張るための動機は、何でもいいのではないでしょうか。誰かに対する反発心、頑張ったあとの自分へのご褒美、名声や富など理由は何であれ、結果として目指しているゴールに到達できればそれでいいと思うからです。

見返すということは、相手の心を変えることです。自分の状況や立場を変えることはできても、それを見て相手がどう思うのかまではわかりません。

僕はみんなのように会話ができないので、ずっと自分のことをわかってほしいと祈り続けていました。悔しくて悲しかったです。人の心を変えることが、どんなに難しいか、僕は身をもって知ったのです。

相手を見返すために頑張ることは、僕にはできないような気がします。相手を見返すためには、その人の存在を強く意識し続けなければならないからです。

一時的に怒ることは僕にもあります。けれど、その怒りが長続きしないのです。忘れてしまうというより、自分のことなのに時間が経つと他人事みたいに感じるからでしょう。見返したいと思ったところで、相手を見返している自分の姿を、ことあるごとに想像できないせいかもしれません。

考えてみれば、見返すためには、自分も相手と同じ土俵に上がらなければなりません。それなのに僕ときたら土俵にも上がらず、溜席《たまりせき》の最前列に座り、はらはらどきどきしながら相撲に見入ってしまうお客と同じなのです。

僕は、つい人を観察してしまいます。人が好きだからだと思います。そのくせ自分も人だという自覚が、この年になっても足りないような気がするのです。

自分の人生をよりよくするためか、相手をおとしめるためか

相手を見返した人が誇らしい気分になるのかどうか、僕にはわかりません。その人を見返すことだけが目標なら十分満足でしょう。

たいていの人はそれを成し遂げた自分を褒めたあとには、見返したい気持ちに終止

符を打ち、次の目標に向かうための新たな動機づけを探すことのほうに意識が向くのだと思います。

相手を見返すことばかり考えていると精神的な負担のほうが大きくなり、そのストレスで疲れてしまう人もいます。見返すという気持ちが前向きのエネルギーになるならいいのですが、そうとも限らないからです。

自分の中でどんどん負の感情が大きくなると、思わぬ速さで人の心はむしばまれてしまうことがあります。

見返したいという思いは何のためなのか。自分の人生をよりよくするためか、相手をおとしめるためか、どちらでしょう。

目標を達成した自分を想像してみる。その姿は胸を張って空を見上げているに違いありません。さらなる高みを目指したいと願う心の中は、澄んでいるほうが人として美しいのではないでしょうか。

18 相性

自分に合う人、合わない人という
区別をやめる。
今日のこの人は、こんな人。
ただ、それだけのこと。

仲良くするとは「嫌い」というそぶりを見せないこと

人間誰しも、どうしても合わない人がいるものです。僕にも合わない人はいます。僕が自分に合っていると思う人は、人間味のある人です。人間味があるというのは、欠点があるということではなく、その人だからこその魅力を持っている人です。逆に合わない人は、自分の感情を表に出すことのない機械みたいな人だと思います。たとえば、その人に何を言っても同じ答えしか返ってこなかったら、僕はがっかりしてしまいます。

職場や学校に自分と合わない人がいると考えている人は、自分には合う人がいると考えている人だと思います。

自分に合う、合わないというその基準は何でしょう。合わなければ自分が我慢するか、相手と関わらないようにするしか方法はないのでしょうか。

合わない人と一緒にいるとストレスを感じる。それは、ひと言で言うと居心地が悪いのでしょう。それでも職場や学校であれば、みんなと仲良くしなければなりません。

では、仲良くするとは、どうすることだと思いますか。

僕は「あなたのことが嫌いです」というそぶりを見せないことだと考えています。どんな人だって、自分が嫌われているかどうかくらいは何となくわかります。たとえ相手が、気の強い人や自分とは異なる意見の持ち主であっても、自分自身が拒絶されていないのであれば、それほど気にはならないでしょう。

反対に自分は嫌われているのかもしれないと思うと、その人との付き合いに苦手意識を持ってしまうものです。相手の行為が偽物に思えてしまうからかもしれません。

相手は自分のことを気に入ってくれているけれど、自分は好きになれないという状況の人もいます。心のどこかで、その人が自分にとって負担になっているからに違いありません。

人は律儀な生き物です。相手の気持ちに応えられないと、自分のことを悪人みたいに思ってしまいます。その人のことを好きではないという気持ちを隠して付き合うことに、罪悪感を抱いてしまうのでしょう。

時間と空間を自分以外の人と共有する

人とうまく付き合うためには、自分に合う人、合わない人という区別をやめればいいのではないでしょうか。

その人が自分にとって敵なのか味方なのか、簡単には決められません。なぜなら誰であれ、そのとき、そのときで置かれている立場や状況が変わるからです。

自分自身の気分や状態によっても、相手の言動に対する感じ方は違ってきます。

何もかも自分の都合のいいようにはならないのが普通です。合う人、合わない人という区別をしても、結局は自分にプラスになることは、あまりないような気がします。

それがわかってから僕は、誰とでも分け隔てなく付き合うことを心がけるようになりました。敵とか味方という区別をしなければ、人との付き合い方で悩むストレスを抱えなくてすみます。

今日のこの人は、こんな人。ただ、それだけのことなのです。

その人と自分との関係がどうなるのか、明日のことも、明後日のことも、一年後のことも、それから十年後のことも誰にもわかりません。とりあえず共に過ごす時間を今、相手と共有できているなら、それで十分だと思っています。

時間と空間を自分以外の人と共有する。それを人としての義務だと捉えれば、他の人との関わり方も、今よりもう少し寛容になれるのではないでしょうか。

19
友だち

友だちがいるからこそ
素晴らしい人生があるのと同様に、
友だちがいないからこそ
味わえる人生もきっとある。

友情とはいつの間にかはぐくまれるもの

友だちが欲しい気持ちは、みんなが持っているのだと思います。

だからといって、自分一人の力では、友だちをつくることも友だち関係を続けることもできません。なぜなら、友だちでいるためには、自分が相手を思うように、相手にも自分のことを思ってもらう必要があるからです。

遊び相手ではなく、友だちと呼べる人と時間を共有したい人、普段は一人でいることも苦にならないのに、休日もずっと一人でいると無性に友だちが欲しくなる人、年を重ねるごとに、学生時代に親友と思っていた人とも疎遠になり、周りに友だちがいなくなった人など、友だちを求める思いはさまざまです。

気兼ねなく、いつでも会える友だち関係を一生続けることは大変です。

僕にとって友だちは、芸能人のように遠い存在ですが、自分に友だちがいないことをみじめに思ったり、悲しいことだと落ち込んだりしているわけではありません。

「友だちはいないよりいたほうがいい」

この意見には賛成です。

一般的に、友だちはいなくていいという意見に賛同する人は、ほとんどいません。

友だちという存在の素晴らしさを語る人はいても、友だちという存在の弊害を訴える人は、あまりいないように思います。

友だちが欲しくてもできない人に対して、友だちのよさをいくら力説しても意味はないような気がします。その人は、友だちのよさがわからないのではなく、友だちがいないことで悩んでいるのですから。

友だちが欲しいなら、友だちをつくる努力をしなければならないと説教をする人もいるでしょう。けれど、努力して手に入れた友情が、どれくらい意味のあるものなのか疑問を感じずにはいられません。

友情とは、いつの間にか、はぐくまれるものだと思うからです。友人との親愛の情は、努力の結果手に入るものではなく、気がつけばそうなっていたという関係性が、一番自然で長続きするものだと思います。

友だちがいなくても人生が暗くなることはない

友だちがいないことで感じる虚しさは、他のものでは埋められないのかもしれません。

僕自身は、友だちがいかに素晴らしい存在か、頭の中でしか思い浮かべることはできませんが、それでも、僕は胸を張って生きていきます。

今、僕には友だちがいませんが、友だちがいなくても、そのために人生が暗くなることはないと思います。

友だちがいなくても人生を豊かにすることはできます。友だちがいるかいないかは、恋人がいるかいないか、お金があるかないか、健康か健康でないかなどと一緒で、自分の置かれている状況の一つにしかすぎないからです。

すべてを兼ね備えている人はいないと思います。完璧な人間はこの世に存在せず、人間の欲望も尽きません。

友だちがいるからこそ素晴らしい人生があるのと同様に、友だちがいないからこそ味わえる人生も、きっとあります。

20
恋愛

人とつながることと、
誰かと恋人関係になることは別のもの。
つながりがその人を縛ることもある。

恋愛しない理由はさまざま

人を好きになるという感情は、僕にとっては、空が好き、花が好きという感覚と、あまり変わらないような気がします。なぜそう思うのかと言われると、恋愛についてみんなが語る内容が、僕にはピンと来ないからです。

僕は恋愛感情を誰かに抱いたことはありません。何だか変わり者と思われるかもしれませんが、そういう人も世の中には案外いるのではないでしょうか。

以前、大学で登壇したことがありますが、初恋についての質問が出た際、僕が「初恋を経験したことがない」と言うと、学生さんたちは「えー、まだなんだ」という反応でした。けれど、その後のアンケートでは、「実は僕（私）も、初恋をいまだに経験していません」とか「自分が恋愛する姿を想像できない」と書いてくれた人たちが何人かいました。

どちらかというと、それを友だちには知られたくないと思っているみたいだったので、一般的には、恋愛経験がないということは、恥ずかしいと感じることなのだと思いました。

恋人がいないという人の理由として、「恋愛をする資格がない」あるいは「駆け引きが面倒くさい」と言っているのを聞いたことがありますが、僕がそう思っているわけではありません。

僕が好きになるような素敵な女性に出会っていないだけだと言う人もいるかもしれません。

恋愛を扱ったドラマや映画は時々観ますが、僕がストーリーに感動しても、主人公を自分に置き換えて憧れることはないのです。これは、都会は活気があって便利だと思いながらも、そこに住むのは難しいと感じる人の気持ちに似ているような気がします。都会に住めなくても、田舎暮らしで満足だと思っている人と同じように、恋人がいなくても僕は今のままで十分幸せなのです。

恋愛しない理由は、さまざまではないでしょうか。

つながりという目に見えない鎖

人とつながるということと、誰かと恋人関係になることを同じことのように考える人もいますが、実際は別のものではないかと思っています。

誰かとつながりたい気持ちは、言うまでもなく僕も持っています。

人とのつながりを求める気持ちは、恋人が欲しい気持ち以上に、人であるがゆえの根本的な欲求だからでしょう。

「つながり」とひと言で言っても、つながりの強さが大事なのか、広さが大事なのかによって、自分がつながりに何を求めているのか違ってきます。

強さなら、絆の深さでしょう。相手の幸せや成功を自分のことのように喜び、困難が立ちはだかったときには共に乗り越えるような心から支え合える関係です。

広さなら、まずは人数が必要になってくるでしょう。共通の趣味や価値観の近い者同士が集まり、楽しさやつらさ、そして悲しみを共有します。

つながりがなければ生きていけないと思い込みすぎないほうがいいような気がします。つながりがなければ孤独を感じるのかもしれませんが、つながりが、その人を縛ることもあるからです。

つながりという目に見えない鎖は、自分を守ってくれるものであると同時に、自分を苦しめるものだということを忘れないでください。

自分にとって、きつすぎず、ゆるすぎない関係こそ、目指すべきちょうどいい強さのつながりだと思うのです。

21

心変わり

出会えてよかったと信じる。
出会いを後悔しなければ、
別れもまた、
やがて美しい思い出の一つになる。

人の気持ちは変わるもの

人と人との関係において、相手に対する気持ちが変わらないことに憧れる人もいますが、僕は、人の気持ちは変わるものだと思っています。

いつまでも同じ人と仲良くできるのであれば素敵なことです。でも、そうならないからといって、その人に何か問題があるとは言えません。

仲良くしていた相手と些細なことで喧嘩《けんか》になり、お互いに気まずくなって距離を置く。それは仕方のないことです。うまくいかなくなったら、どちらかが謝るか、両方が歩み寄るか、そのまま会わないかのいずれかになります。どの方法をとっても、お互いの心にわだかまりは残ります。

わだかまりが取れれば、関係が続いていくことは可能だと思います。または、このわだかまりが小さければ、ずっと仲良しでいられます。二人の関係に影響を及ぼすことはないでしょう。

もしも、お互いの気持ちを心からわかり合えていると思える人がいるなら、幸せだと思います。自分を理解し、受け止めてくれる人がいることで、生きる勇気が湧いてくるからです。

二人の関係は続くと予想していた相手が去ってしまう悲しみは、口では言い表せないほどつらいに違いありません。相手の気持ちを取り戻したいと、どれだけ必死に努力しても、うまくいくことは少ないです。

逆に、自分の気持ちが相手から離れてしまった場合は、これまでの関係が何だったのかと感じるくらい現状を冷静に見つめてしまいます。相手への思いより、自分の気持ちに正直になろうとする人が多いからでしょう。

離れることに良心の呵責《かしやく》を覚える人もいるかもしれません。けれど、それ以上に、自分の人生に目を向ける気持ちが強ければ、その気持ちを心の隅に追いやることができると思います。

なぜ、気持ちが変わることを悪いことだと捉えてしまう感性が、僕たちには備わっているのでしょうか。

この世界に一人で生きられる人はいません。だから、気持ちが変わることを「裏切り」とか、「不義理」という言葉で表現するような気がします。

一度離れてしまった人との関係を修復することは困難です。どちらが悪かったのかという疑問が、ずっと心の中に残り続けるからです。

人間関係に永遠は存在し得ない

僕自身は、人との別れに関して、思い悩んだことはあまりありません。

人の心のありようは複雑です。さまざまな気持ちがからみ合って、そのときの感情になっています。自分が自分の都合を優先して考えるのと同じように、相手は相手の都合を優先して物事を捉えます。どうしてわかってくれないのだろうという思いは、わかってもらいたいと思っているほうが抱く感情です。

どんな人間関係においても、生き死にも含め、永遠ということは存在し得ないのではないかと思っています。世の中が少しずつ変化するように、人の心も変わります。それが生き続けるということだからです。

どういう理由で別れたとしても出会えたことはよかった。そう信じることで、人生が前に向かって進んでいるような実感を持つことができます。

出会いを後悔しなければ、別れもまた、やがて美しい思い出の一つになります。

22

親子

近すぎるがゆえに
距離感がわからなくなり、　わがままに。
自分が愛する以上に
相手から愛されることを期待する間柄。

縁を切っても恩や憎しみが消えるわけではない

親との愛情関係に悩んでいる人は多いですが、そもそも親子の絆とは何でしょう。それは、切っても切れない結びつきだと思うのです。

深い愛情で結ばれている親と子がいる一方で、憎しみ合っているかのように見える親と子もいます。親子の縁を切ったという話もめずらしくはありませんが、縁を切ることで心の奥にたまったわだかまりがなくなるわけではないでしょう。

もし、これが他人であればどうでしょうか。わざわざ縁を切ったなどと言わなくても、会わなければそれで関係は終了します。時間の経過と共にそのとき抱いていた感情も、やがて薄れていくでしょう。

けれど親子はそういうわけにはいきません。時間が経ったからといって恩や憎しみが消えるわけではないからです。

それは親子というものが一番近い存在だからだと思います。この近いには二つの要素があります。それは、遺伝子と距離の近さです。

子どもは親から生まれます。長い間一緒にいたり、同じ屋根の下で暮らしたり、他の人には見せない姿をお互いに見せ続けながら暮らします。「わかってもらえて当然」という思いが、そこには存在するのです。

近すぎるがゆえに、時に素直になれなかったり、気恥ずかしくなったりもします。

僕は、それこそ人間らしい感情だと思うのです。自分という人間のいいところも悪いところもわかったうえですべてを受け止めてほしいと望むのは、親と子の間でとくに見られる傾向ではないのでしょうか。

不満を抱きやすいのも、親子ならではだと思います。親や子が自分の思いに応えてくれれば関係がこじれることはありませんが、そうはいかないのが実情でしょう。

心が通じ合っているのが当然という考えが自分を縛る

親子関係がうまくいっていない人たちの原因が親と子のどちらにあるのか、どちらが悪いのかは周りの人にはわかりません。

親子の関係において善悪を決めるのは、本人以外の人たちにとっては、あまり意味がないような気がします。なぜなら他の人は、親子の関係性のほうに興味があるからです。それぞれがどのような人物かということより、親と子がどれくらい思い合っているかに人は憧れを抱いたり、うらやましさを感じたりするものではないでしょうか。

親と子が理解し合えないことや仲良くできないことに罪悪感を抱く人もいます。親子なのだから心が通じ合っているのが当然という考えが、その人を縛っているからでしょう。親子のあり方が本人の理想から遠ければ遠いほど、苦悩は深くなります。

近すぎるがゆえに距離感がわからなくなり、わがままになってしまう。親子とは、自分が愛する以上に相手から愛されることを期待する間柄なのだと思います。

僕自身は、親との関わりの中でつい愚痴が出てしまったり、不平不満を言ったりすることはあっても、親を批判することはありません。僕の親が完璧だからではないのです。親を悲しませるようなことを言う自分を僕自身が許せないせいだと思います。

それを人は「愛」と呼ぶのかもしれません。そういう感情を持てること自体が幸せなことだと言う人もいるでしょう。

自分には親がいないと思うことで自由を手に入れることができる人もいます。それが何よりもの願いだとすれば、それも一つの幸せなのかもしれません。

親子の問題が精神的負担なら、その苦悩から解放されることは、その人が前向きに生きるための原動力となるはずです。

STORY

猫のミーヤ

ミーヤは、かわいい声で鳴く子猫でした。

いつも、甘えるような小さな声で「ミャーミャー」と鳴いては、幼い春子の側にすり寄ってきます。

「ミーヤ、ミーヤ、どうしたの？」

春子は、やさしくミーヤに声をかけてあげます。

背中をなでてもらったらミーヤは満足、すっとどこかに行ってしまうのです。

ミーヤは、部屋の窓辺に座って、いつも空を眺めていました。

この空の向こうには、どんな世界が広がっているのだろうとでも言いたげなミーヤの瞳。

春子は、ミーヤが外の世界を知りたがっているのだと思いました。

そうだ、連れていってあげよう。春子はミーヤを抱っこしてお散歩します。

ミーヤは、少し震えていました。

そうだよね、怖いよね。春子は、ぎゅっとミーヤを抱き締めます。

私がついているから大丈夫だよ。春子はミーヤに教えてあげます。

「ここが公園、これが木、あれはブランコだよ」

春子の胸の中でミーヤは丸くなっています。

まるで、赤ちゃんみたいだわ。春子は、自分がミーヤのお母さんになったようでうれしくなりました。

ミーヤを大事にしてあげられるのは私だけ。春子は、ミーヤと一緒にご飯を食べ、ミーヤと一緒の布団で眠りました。

なんてかわいい、私のミーヤ。春子は、ミーヤと一緒にいられるだけで幸せでした。


やがて、春子はお姉さんになりました。ミーヤも、少し年を取りました。

ミーヤは、もう子猫ではありません。けれど、春子にとっては、かわいいミーヤに変わりはないのです。

春子が学校から帰ってくると、ミーヤは駆け寄ってきます。

楽しかったこと、つらかったこと、春子はミーヤにおしゃべりします。

「あのね、クラスでこんなことがあったんだよ」

ミーヤはピンとしっぽを立てて、春子の話を聞いてくれます。

春子が大人になった頃、ミーヤはおばあちゃん猫になりました。ニャーニャー鳴かなくなりました。いつもよろよろしています。ミーヤの顔の周りには白髪が増えました。

そして、ついにミーヤは、目も開けられなくなってしまったのです。

春子は、ミーヤを一生懸命看病しました。

「ミーヤ、ミーヤ、死なないで。私を置いて逝かないで」

それから、しばらくして、ミーヤは天国に旅立ちました。

春子は泣きました、一生分泣きました。どんな言葉で慰められても、春子の気持ちは晴れません。

「ミーヤは戻ってこない……」

悲しみに耐えられなくなって、春子は、どんどん痩せていきました。

そんな春子を見て、ミーヤが喜ぶはずはありません。

ミーヤのためにも元気を出してと家族や友だちは言いましたが、その言葉は、春子の心には届きませんでした。

ミーヤを思い出すものは、全部隠してしまおう。

家族は春子を心配して、家にあったミーヤのおもちゃや写真をすべて片づけました。

これで、きっとミーヤのことを忘れられるだろう。

けれど、春子の体調はますます悪くなり、とうとうベッドから起き上がれなくなってしまったのです。


それでも、春子の頭の中はミーヤのことでいっぱい。

春子がミーヤのことを口にするとみんなが悲しむので、春子は、ずっとミーヤの話をするのを我慢していました。でも、このまま私が話さなければ、ミーヤのことをみんなが忘れてしまうのではないか、そう思うと春子は胸が苦しくなるのです。

この気持ちを誰かに伝えたい。

「みんなに聞いてもらいたいことがあるの」

春子は、思いきって言いました。

絞り出すような声で、ぼそぼそと話し始める春子。みんなは黙って春子の言葉に耳を傾けました。

春子は、自分がどんなにミーヤを愛していたのか語り始めました。

ミーヤが初めて家に来た日のこと、ミーヤの仕草、ミーヤと過ごした楽しかった日々を次から次に話し続けたのです。

だんだんと春子の声に張りが戻ってきました。春子の表情が明るくなりました。ミーヤのことを話せば話すほど、春子は元気になったのです。

みんなは、びっくりしました。

春子に必要だったのは、励ましの言葉でも休息でもなかったのです。

みんなは、春子とミーヤとの生活が、どれだけ素晴らしい日々だったのか、ただ聞いてあげることが、春子の一番の薬になることがわかりました。

春子も気づきました。自分にとって何が大切かに。

「心配かけて、ごめんなさい。悲しい気持ちは消えないけれど、私は、もう大丈夫。ミーヤのおかげで今の私があるの。これからは自分のことも大事にするわ」

ミーヤは、たくさんの思い出を春子に残してくれました。

それから、ほどなくして、春子はミーヤが生きていた頃と同じ生活ができるようになりました。

時々空を見上げては、春子は天国のミーヤに話しかけます。

「ミーヤ、私、今日も笑っているよ」

第3章 世の中のこと

23

無関心

多様性を認める社会が健全な社会。
絆の強さだけではなく
人に対する寛容さが、
生きやすい世の中をつくる。

人に興味がなくてもとがめられることではない

自分にしか関心がない、自分以外の人に興味を持てない人が増えている世の中で、人に興味があるのは、素晴らしいことだと思います。

人ほど不思議な生き物はいません。常に本能と理性の間で揺れ動き、自分のことだけでなく、他の人のことまでも心配する。みんなと同じであることに安堵《あんど》しながら、誰も成し遂げられなかった夢を実現したいと願う。人である自分が好きだから、人に興味があると胸を張って言えるのだと思います。

僕も人に興味を持っています。その人が何をしているのか観察しているわけではなく、ある瞬間に見せる表情や仕草に強烈に惹《ひ》かれるのです。ある瞬間というのは、たとえば、いいことを思いついたときや驚いたとき、ほっとしたときなど、その人の本音が表に現れているかもしれない様子を見られたときです。人は、こんな表情や仕草をするのだと大発見をしたような気分になり、うれしくなります。

けれど、人に興味がなくても、とがめられることではないと思います。人に興味がないと言うと、冷たい人という印象を持たれがちです。対象が人だから、余計にそう感じるのかもしれません。

人に興味がなくても、人付き合いはできると思います。やるべきことさえやっていれば、たいていの人は、あまり文句を言わないのではないでしょうか。

人付き合いが苦手だと損をすると心配する人もいます。人付き合いが苦手な自分を嫌だと思っているなら、それは克服すべき課題かもしれませんが、そうでないなら気にする必要はないと思います。なぜなら、他の人はそれほど、あなたに関心がないからです。

「そんな寂しいこと言わないで」と考える人は、人に興味のある人です。人に興味がなければ「関心を持たれなくてよかった」と感じるはずだからです。自分が他の人に興味がないように、自分も他の人から興味を持たれたくないと考えるでしょう。

自分が誰かに興味があるから、自分に興味がある人もいるかもしれないと期待するのだと思います。相手のことを知りたいし、自分のことも知ってもらいたい、仲良くなりたいという感情が少なからず湧くのではないでしょうか。人への関心は、一方向だけではなく双方向に向くのが自然な成り行きだからです。

人に興味がないからといって、その人が悪い人とは限りません。ただ、人には興味がないだけなのです。

さまざまな人がいるから人類は進化してきた

人というのは、人の中でしか生きることができません。そのために、どのような人であるべきかの理想像を、それぞれが頭の中に思い描いているのでしょう。

人に興味がなければ自分のことしか考えない人間になってしまい、みんなから仲間外れにされるのではないか。そんな恐れにも似た心理が、「人に興味を持つべきだ」という言葉の中に見え隠れします。

人に興味がなくても、自然が好きだったり、動物が好きだったり、乗り物や建築、あるいは美術や音楽などの芸術、それから化学や物理に関心を持っている人もいるでしょう。何に興味を持っていても、その人の自由です。さまざまな人がいるおかげで、人類は進化してきたのだと思います。

僕の人に対する関心も変わっているのかもしれませんが、そのおかげで僕は、「普通の人」とは少し違う視点で、この世界を見ることができているような気がします。

多様性を認める社会こそが健全な社会ではないでしょうか。絆の強さだけではなく人に対する寛容さが、生きやすい世の中をつくるのだと思います。

24 正しさ

他の人が決める正しさは、
そのとき誰かが得をするための価値判断。
自分自身が生きるために大切にしている
「揺るぎない正義」ではない。

善か悪かを一人ひとりが判断している

みんな、自分が一番正しいと思っているもの。正しいことを言っているのに、それが受け入れられないことは往々にしてあるでしょう。

その意見が正しいか、正しくないかを決めるのは誰でしょう。それは、一人ひとりの心です。善悪という物事が最初からあるのではなく、ある出来事に対して、善か悪かの判断を一人ひとりが行っているのです。

自分と他の人との考え方の違いは、他の人の意見を聞いて初めてわかります。たとえば自閉症者への対応を例にとると、自閉症者への対応は必ずこうしなければいけないと主張する人がたまにいます。自分の言う通りにした人はみんなよくなったと言うのです。

それは、本当のことかもしれません。けれど、その対応を試してうまくいった人とうまくいかなかった人の数や感想の比較をしなければ、その対応が、実際にどれだけ有効かはわからないのではないでしょうか。うまくいかなかった例は、他の人には知らされないことが多いからです。

自分の考えを批判されれば驚いたり、腹が立ったり、悲しくなったりするのは、自分という人間の存在そのものを否定されたような気分になるからだと思います。

僕自身は他の人と意見が違った際には、どうしてその人と自分との間に見解の相違があるのかを考えます。相手の理由に納得することもあるし、しないこともあります。僕が相手の理由に納得したからといって、その人の意見に賛成したわけではありません。

僕が人の意見を聞いて自分の意見を変えることは、あまりないような気がします。個人の意見というものは、その人の長年の体験や積み重ねた価値観から導き出されたものなので、本来、他の人の言葉に影響を受けることは少ないはずだからです。

多くの人は、自分が素晴らしいと思った意見には共感し、理解できないと思った意見には反発するでしょう。

自分の正しさと他の人の正しさは同じではない

なぜ正しいことなのに、自分の意見が他の人に受け入れられないのかと悩む人もいますが、正確には受け入れられないのではなく、その人と自分の考え方が違うだけだと思います。どちらが正しいのかという主張とは、異なる問題だという気がします。

それに加えて、自分にとっての正しさと他の人にとっての正しさが同じとは限りません。

自分の正しさにこだわればこだわるほど敵を増やし孤独を感じる。挙げ句の果てには誰かに嫌われるか、自分を曲げて屈辱的な思いをするかの二択しかなくなる。そんなことになれば、どれだけつらいでしょう。

こんなとき、仕方ないと思いあきらめるのか、わかってもらうために努力を続けようとするのかは自分次第です。

僕の場合は、仕方ないとあきらめることのほうが多いですが、だからといって悩むことはほとんどありません。僕の意見が認められなくても、僕の考える正しさが間違っているわけではないと信じているからです。

他の人が決める正しさは、そのとき誰かが得をするための価値判断であり、自分自身が生きるために大切にしている「揺るぎない正義」ではないことを、僕は知っています。

僕の意見が受け入れられなくても、心の中に「揺るぎない正義」を秘めているなら、いつか自分の意見が認められる日が来るに違いないと望みを持ちながら生活することができると思うのです。

25 同調圧力

どう生きたかではなく、
何を守ったかという基準で
行動の是非を評価するなら、
自己嫌悪に陥ることはない。

得をするか、損をするか

みんながそうだから、そうしないといけない。みんな我慢しているから、守らないのはずるいといった風潮は、日本ではとくに強いような感じがします。

他の人と同じであることに安心感を覚える人がいる一方、他の人と同じであることに抵抗感を覚える人もいます。

みんながそうだから、そうしないといけないというような心理は、どうして生まれてくるのでしょう。自分の意見を明確に持っていない場合には、なるべく多くの人と同じ立場でいたいと考えるのでしょうか。

人は自分がどうすればいいのかわからないとき、他の人を観察します。大半の人がしている行動や考え方があるなら参考にします。それに従っていれば、批判や叱責《しっせき》を受けることが少ないからです。

何か起きれば、僕も周りの人の反応が気になります。他の人が考えていることを知りたいからです。テレビのニュースや周りの人の意見に耳を傾けながら、みんなの行動を注視します。

他の人がしているから自分もそうするというよりは、自分もそうしたほうが、みんなにとっていい結果に結びつくだろうと思ったときには、みんなと同じ行動をするといった感じです。たとえば、新型コロナウイルス感染症の流行収束のために外出を控えたことなどです。

正義の名の下に世の中をよくしたいと考える人は、いつの時代にも存在します。こうすべきだという考えや行動を押しつけてくる人もいるでしょう。振りかざす正義は誰のためなのか。自分のためか、好きな人のためか、あるいはみんなのためか、相手によりその正義が及ぼす悪影響も、ずいぶんと変わってきます。

正義のためなら、犠牲さえも美談になってしまいます。

生きている限り、損得勘定してしまうのは仕方ありません。

得をするか、損をするか。自分が得をしても周りが損をするなら申し訳ないと感じてしまう、自分が損をして周りが得をするのは許せない、と考えるのが一般的だと思います。反対に、自分が損をしても社会をよくしたいと考える人もいるでしょう。

自分も周りも得をするなら問題はありませんが、そうならない場合、世の中が「同調圧力」または「相互監視」の状態にあると感じる人が増えるような気がします。

そのときの自分が後悔しない生き方をする

世間をどう生きるか。自分の意見をはっきり言わないのは、周りの雰囲気に流されているからだと悩んでいる人もいるようです。みんなと合わせたほうがつらくないから、他の人と同じ行動をすると決めている人もいるかもしれません。

大事なのは、そのときの自分が後悔しない生き方をすることではないでしょうか。どう生きたかではなく、何を守ったかという基準で自分の行動の是非を評価するなら、それほど自己嫌悪に陥ることはないと思うのです。

僕自身が何を守っているのか、それはおそらく「僕という人間がこの時代に生きたという証し」です。「おそらく」という表現を使ったのは、僕の場合、何を守っているのか本当は、まだ自分でもよくわかっていないからです。

守るべきものが何か、具体的に答えられる人は素晴らしいと思います。漠然とした答えでは、守るべき自分の姿ばかりが浮かんできて、実際は何を守っているのかあいまいなまま時間が過ぎていくからです。

何を守るのか胸を張って言える人に、僕は憧れています。

26

ネットいじめ

言葉による攻撃には、
言葉で対抗するしかない。
自分が被害者にも加害者にも
なり得ることを、常日頃から自覚する。

便利になったけれど負の側面も大きい

ブログやSNSで誰もが情報発信できるようになりました。SNSのせいで傷つく人が増えたと訴える人もいます。匿名《とくめい》だと本音が言いやすくなるのは確かだと思います。

自分を傷つけるのは誰なのか。身近な人か、まったくの他人かによって傷つき方も変わってきます。相手が誰であれ、書かれた内容によって傷つき方が変わることもあります。そのときの自分の状況によっても、どれくらい深く傷つくかは違ってくるでしょう。

人に何か言われて嫌な思いをしたり、苦しんだりした人は昔からいました。いつの時代にも、どこにでも、あれこれ言う人はいるのです。

言葉で人を蹴落としたい。それは、決して褒められたことではありませんが、この世から暴言や悪口をなくすのは不可能だと思います。攻撃する人にとっては言葉で責めるのが、一番たやすく相手を傷つける方法だからです。

ちなみに僕は、批判と悪口は別のものだと考えています。作家という仕事をしているということもあり、インターネット上で僕もいろいろ言われています。けれど、僕自身は気にしないようにしています。気にしてもきりがないからです。

ＳＮＳは手っ取り早く簡単に、自分の考えていることを特定の個人や不特定多数の人に伝えられます。これは、昔では考えられないことです。どこに出かけるにも歩くしか方法がなかったのに、今では新幹線や飛行機で、一度に大勢の人が短時間で長距離移動できるのと似ています。

自分の意見をすぐに発信できる。そしてリアルタイムで人の意見を知ることができるようになり、そのおかげで便利な世の中になったのは事実かもしれませんが、知らなくてもいいことを知ったり、傷つかなくてもいいようなことで傷ついたり、負の側面も大きいと思います。

インターネットの進化と社会道徳の遵守《じゅんしゅ》

ネットいじめや炎上は、なぜ起きるのかというと、瞬時にその言葉に反応できるようになったことが一番の原因だと思います。

ＳＮＳに書かれた言葉を読む、それにより多種多様な感情が生まれます。自分以外の人も次々に意見を述べるため、味方を増やそうとして、だんだんとヒートアップしてしまうのでしょう。言葉による攻撃には、言葉で対抗するしかないからです。

そんなことに巻き込まれないようにするには、自分が被害者にも加害者にもなり得ることを、常日頃から自覚することです。想像するだけでも、発信や受信する内容に気を使うようになり、もしもの場合の心の準備ができるはずです。

今後、僕たちがネットを通して、何をどう情報発信し活かしていくべきか。その答えは、誰にもわからない気がします。いろいろな選択肢があるせいで決められないのではなく、やっていいことや悪いことがわかっていても、近い将来、倫理を上回る技術が開発されたとき、人々がどのような行動をとるのかを予測するのが難しいからです。

こんなことをしてはいけないという規定が法律化されるまでには、時間がかかります。

みんながやっているからという理由で、人の行動はエスカレートします。

インターネットの進化と社会道徳の遵守。これをどれだけ並行して行えるかが、多くの人が幸せに生活するための一つの鍵になるのではないでしょうか。

27

ひきこもり

ひきこもることで
本人も得をしているわけではない。
ひきこもっている人にとっては、
まず生きることが最優先。

ひきこもりたいのではなく、ひきこもってしまった

現代では若者のニートだけでなく、中高年のひきこもりも増えていて社会問題になっています。

ひきこもりになった理由はさまざまだと思いますが、何もしないで家にいることにプレッシャーを感じ、押しつぶされそうになっている人もいます。社会の役に立っていないと思い込み、自分で自分を責めてしまうのでしょう。

その人の置かれている状況は、その人にしかわかりません。ひきこもるに至る経緯を他の人は知らないからです。どれだけつらいかも、ひきこもってしまった原因も、他の人に本当の意味で理解してもらうのは難しいと思います。

ひきこもりという状態が特別だからではありません。誰しも他の人のことはわからないものです。わかったような口ぶりで意見されることもあると思いますが、それが、あまり役に立たないことを、ひきこもっている人自身も気づいています。

ひきこもっていると言うと、「仕事もしないで遊んでいるだけ」「自分勝手だ」「みんなは頑張っているのに」などと、傷つく言葉をかけられることもあるでしょう。ひきこもっていては生産性がないと怒られているかもしれません。

人から非難されるから、自分が情けない人間みたいに感じるのです。何かしなけれ

ばという焦りや不安が、ますますひきこもっている人の気持ちを追い詰めてしまいます。

もし、僕がひきこもりだったら、とてもつらいと思います。

普通の会社員に比べたら、僕の生活はひきこもりの人に近いのではないでしょうか。でも、だからといって、ひきこもりの人と僕の気持ちは同じではないのです。

その人になってみなければわからないことはいくらでもありますが、ひきこもりは、貧困問題や教育問題など他の問題とは少し違うように思うのです。

人の存在意義は生産性だけでは測れない

ひきこもりを善悪で判断することに意味はありません。誰かに迷惑をかけていたとしても、ひきこもることで本人も得をしているわけではないからです。

ほとんどの場合、ひきこもりは、ひきこもりたいのではなく、ひきこもってしまったのだと思います。

誰が悪いというより、誰も悪くはないのだと、みんながそう捉えることで、ひきこもっている人の気持ちも少し楽になるような気がします。

ひきこもっている人が、他の人に対して罪悪感を抱かなくてもいいのではないでしょうか。

その人が、今とは違う新たな一歩を踏み出すことができたなら素晴らしいことですが、ひきこもっている人にとっては、まず生きることが最優先です。

人の存在意義を生産性だけで測ることはできないと思います。

生産性を議論するときには、消費にも目を向けることが不可欠です。誰が何を生み出しているかは重要ですが、消費する人がいて、初めて生産することに価値が出ます。

生産者のおかげで消費者の生活が成り立っているのは事実です。それでも、どんな人も生まれてから死ぬまで、生きている間中、ずっと生産者であり続けることはできません。

僕は、消費者であるひきこもりの人も、立派な社会の一員だと考えています。

これまでどのように生きてきたのかというプロセス以上に、今生きていることがかけがえのないことなのです。

28

差別・偏見

差別や偏見はこの世からなくならない。
自分が自覚していなくても、
差別をする側、される側、
誰もが両方の立場になる恐れがある。

差別や偏見がなくならない理由

差別や偏見は、病気や障害を抱える人たちに対してだけでなく、人種、性別、年齢、出身地、職業などあらゆる分野で見られます。

差別や偏見はいけないとみんなが知りながら、差別や偏見がなくなることはありません。それはなぜでしょうか。

人間は、いつも自分がどこかに所属したいという願望を持っています。所属することで、仲間として認め合うだけでなく、助け合うことができるからでしょう。人と人とのつながりは、あやふやなものです。関係をさらに強固なものにしたいと望むとき、組織といわれる枠組みをつくるのだと思います。

組織とは、一定の共通目標を達成するために、役割や機能を分担している集まりです。所属するためには、所属したいという自分の意思と果たすべき義務が生じます。誰でも仲間になれるわけではありません。

そこで組織に入るための基準が設けられます。その基準を満たさない人は、組織には入れないのです。これは差別ではありませんが、自分と誰かを区別するということを積極的にやらなければできないことです。

区別と差別は、かなり近いものではないでしょうか。どちらも人をより分けなければできないことだからです。区別がなかったら、差別も生まれなかったような気がします。

また、人は自分の置かれている環境が、それほど悪いものではないと思いたいがために誰かを低く評価することがあります。相手を自分より下であると見なすことで、自分の地位が上がったような気分になるからでしょう。偏った見方や考え方はそのせいです。

もしも差別や偏見がなくなったら、どんなに平和で穏やかな世界が築けるだろうと想像している人は多いと思います。それなのに大昔から現在まで人間社会の中で差別や偏見がなくなったことは一度もないのです。

僕が自閉症であるために「差別や偏見を受けたことがあるか?」と尋ねられたら、「ある」と答えます。けれど「差別をしたり、偏見を持ったりしたことがあるか?」と尋ねられたらとまどうと思います。

差別や偏見がこの世からなくならないのは、自分が自覚していなくても、差別をしたり、偏見を持ったりしている可能性があるからです。誰もが両方の立場になる恐れがあります。

平等な社会を目指そうとする人たちは英雄

差別や偏見とどう向き合うのか。

僕が差別や偏見を受けたときには、どうしてそんなことをしたのか相手の気持ちを推し量ります。何となくその気持ちがわかることもあれば、理解に苦しむこともあります。

共感できたからといって差別や偏見は許されることではありません。

思いがけず差別をしたり、偏見を持ったりした人に同情しそうになるとき、こういう理由で、この人は差別をするのだという思い込みが、逆にその人への偏見になってはいないのか、僕は自分自身の心を見つめ直しています。

差別や偏見は、人間の心の奥深くに根づいてしまっている習慣ではないでしょうか。

差別に怯える自分がいるのに、偏見を抱く自分には気づかない。そうした矛盾を抱えつつ平等な社会を目指そうとする人たちは、弱い人たちを守ろうとする英雄です。

そんな人たちが一人、また一人と増えていくのが、希望に満ちた世の中だと思います。

29

福祉

福祉を今以上に向上させるためには、
「福祉の手助けを
今は必要としていない人たち」の意見に
耳を傾けることが、より重要。

病気や障害を抱えても幸せに生きていける社会を

世の中には、さまざまな病気や障害を抱えながら生きている人たちがいます。弱い立場の人にはやさしくしなければならないという教育を受けて、僕も育ってきました。日本の福祉は遅れている、今の社会は決して寛容ではない、そんなふうに思っている人たちも少なくありません。

福祉とは「しあわせ」を意味する言葉であり、公的な配慮・サービスによって、すべての市民に最低限の幸福と社会的援助を提供する理念のことです。

病気や障害を抱えても幸せに生きていける社会を、みんなが望んでいるのは間違いないでしょう。僕もそう願っています。

ただ、今の社会が寛容か不寛容かという問題については、結論を出すことが難しいのではないかと思っています。寛容か不寛容かを判断する基準があいまいだからです。

昔と今、時間の流れの中で捉えるなら、昭和、平成、令和の時代を通し、病気や障害を抱えている人たちを取り巻く環境がどんなふうに変わってきたか比較することは可能です。

外国と比べて日本はどうなのかという議論がされることもありますが、比較する国は、ほとんどが先進国のようです。

福祉政策が充実している国の話を聞くとうらやましくなりますが、福祉は、各国の政策の一つです。社会保障や医療体制、年金、人種問題や文化的背景なども知ったうえで比較しなければならないと思いますので、システム自体をすぐに日本に取り入れることが難しい内容のものも多いのではないでしょうか。

福祉に必要なのはお金と人手

目標を達成するとき、考えなければいけないことがいくつかあります。それは、ゴールはどこか、誰のために行うことなのか、どんな方法でゴールまでたどり着くかということです。

これを福祉に当てはめてみると、「ゴール」は誰もが幸せに生きることになります。「誰のために行うことなのか」、この答えも明確です。生まれてから死ぬまで、福祉に頼らず生きていける人はいないでしょう。だから対象は全員になります。そうすると問題は「どんな方法でゴールまでたどり着くか」、これだけになります。

単刀直入に言うと福祉に必要なのは、お金と人手でしょう。どうやって予算を組むのか、人を集めるのかの二点に注力しなければなりません。

福祉についてディスカッションするときには、当事者の意見を取り入れようとする動きが広まっています。

僕も当事者の視点での話を聞きたいと言われたことがあります。ありがたい話ですが、福祉を今以上に向上させるためには、「福祉の手助けを今は必要としていない人たち」の意見に耳を傾けることが、より重要ではないかという気がするのです。

福祉を必要としている人たちには、叶えてほしい希望はいくらでもあります。でも、予算と人手が足りないのです。

福祉を充実させるためには、経済はじめその他の分野とのバランスも考慮しなければならないでしょう。

福祉の手助けが、今は必要ではない人たちが、どのような考えを持っているのか知ることで、この先福祉を充実させるために、何が大切なのかわかってくるような気がします。

「多様性」というのは、病気や障害のある人にだけ使われる言葉ではありません。どうしたらみんなが幸福になれるのかを、みんなで考えることができる社会になればと願っています。

30 自由

自分らしさから生まれるものは
自由だけではない。
少しばかりの窮屈や我慢を
他の誰かに強いるものになる。

自分らしく生きるとは？

自分らしく生きたいと願う人はたくさんいますが、自分らしく生きているという実感を持っている人は、どれくらいいるのでしょうか。

もし、あなたが今の生活に満足しているなら、自分らしく生きていると思えているのではないでしょうか。反対に今の生活に不満を抱えているなら、自分らしく生きてはいないと感じているはずです。どちらにしても、今のあなたが自分らしいのかどうかは、あなたにしかわかりません。

自分らしさについて考えるなら、今の自分を見つめ直す必要があるでしょう。これまでの生き方が間違っていなかったのか、人からの評価と自分が自分に下す採点、とりあえずやらなければいけないこと、この先の人生の終着点など、考えるべきことは山のようにあります。

苦難に直面しても不運だとは思わないとき、自分らしく生きていると感じる人がいます。信じられないような幸運に恵まれたとき、自分らしく生きていると気づく人もいます。結局、自分らしく生きるとは、幸か不幸かにかかわらず、今の状況に幸せを感じていて、その幸せに自分でも納得していることなのです。

では僕は、どうでしょう。その答えを出すには、もう少し時間がかかりそうです。

今の生活に満足しているかと言われると、答えは「していない」になりますが、どういう生活なら満足するのか、僕には見えていません。障害があっても自分でできることと人に助けてもらわなければできないこと、その両方について考えなければならないからです。

他の人の自分らしさも「あなたらしさ」として認める

自分らしくいたいと願っても、この社会において、他人に対する気遣いや協調性なくして生きていくことは難しいでしょう。

自分らしく生きようとすることは、「わがまま」と捉えられるのではないかと心配している人もいますが、自分の思い通りに振る舞い周りの人に迷惑をかけることと、自分らしく生きることは別問題だと思うのです。自分らしさとは、好き勝手に生きることではないからです。

自分らしく生きるためには、自分の頭で考え行動に移さなければなりません。その決断に自分のことだけでなく、他の人への配慮が加わったとしても、自分らしく生きることの邪魔にはならないはずです。

たとえば、他の人から指示された際、従うのか、従わないのかを自分で決める。従うならどう従うか、従わないならどう断るのか、自分の判断と責任で動くことが重要なのだと思います。

人にやらされていると考えるから、自分らしくないと思ってしまうのでしょう。誰もがみな自分らしく生きられる世の中になったら、どんな世の中になると思いますか？　あなたが思い描くような理想通りの社会になるのでしょうか。人である限り、社会からはみ出すことはできません。生きている人全員のそれぞれの自分らしさから生まれるもの。それは自由だけではなく、少しばかりの窮屈や我慢を他の誰かに強いるものになると思います。

その要求をあなたは黙って受け入れることができるでしょうか。受け入れられないとしたら、どこまで歩み寄れますか。

自分らしくいたいなら、同時に他の人の自分らしさも「あなたらしさ」として認めてあげる。そんな度量の広さが、みんなに求められています。

STORY

湖の魚

あの湖には、めずらしい魚がわんさかいるよ。

仲間に教えてもらった通り、湖の中には、色とりどりの魚がたくさん泳いでいた。

すごいぞ、これなら取り放題だ。

男は湖の中をじっと見つめた。色鮮やかな魚たちを前に興奮する。


一匹ずつしか釣れないのだから、まずは一番気に入った魚を釣ろう。

優雅に泳いでいる巨大な黒い魚を見つけたぞ、まるで王様だ。よし、この魚をいただくことにしよう。

魚の前に釣り糸を垂らす。けれど魚は見向きもしない。しばらく待つが全然ダメだ。

男はあきらめて、別の魚に狙いを定めることにした。

次に目についたのは金色の魚。

この湖の中で一番きれいに違いない。俺が釣って、じっくりと眺めてやろう。

美味しそうな餌に付け替え、もう一度、釣り糸を湖の中に垂らす。

これでいいぞ。
魚が餌の前にやって来た。今だ、と思ったけれど魚は素通りしてしまう、がっかり。
仕方ない……。この湖の魚は、みんな食いつきが悪いな。

こうなったら何が何でも釣ってやる。
男は腕まくりをして、両手で釣り竿をぎゅっと握った。
俺も本気を出すぞ。
十分、二十分、三十分……一時間。釣り糸は動かない。はあー、大きなため息をつく。

くっそぉ、どうなっているんだ。
一匹も釣れないなんて情けない、やってられないぜと思い始めたときだった。
釣り糸が、ぴくりと動いた。
「かかった、かかった」
男は急いで釣り竿を引き上げる。
釣り糸の先にぶら下がっていたのは、小さな茶色の魚だった。
なんだ、こんなのか。あまりうれしくない。
茶色の魚は、餌をしっかりと口でくわえ力いっぱい跳ねていた。バケツの底でピチピチ動く魚。

そうそう水だ水、男はあわてて湖の水をバケツに汲む。

茶色の魚は元気よくバケツの中で泳ぎ始めた、よかった。


さあ、釣るぞ。

気をよくした男は、地面に腰を下ろし釣り糸を湖に投げ込んだ。

魚がかかるのを待っていると、ピチャピチャとバケツの中から音がした。バケツの中を覗くと、茶色の魚がじっとこちらを見ているではないか。

魚と目が合う。何だか罪悪感にかられる。

「これでも食うか」

バケツの中に餌を入れてやった。

茶色の魚は、うれしそうにかぶりついている。

小さな魚だから、この湖の生存競争に勝てないのだろう。いつもひもじい思いをしているのかもしれない。

茶色の魚は、餌を食べ終えると満足したのか、バケツの中でゆらゆらと泳ぎ始めた。

これで落ち着いて釣りができる。

だけど少しすると、またピチャピチャと音が聞こえ始めた。

気になって男がバケツの中を覗くと茶色の魚は泳ぎ始める。

男が釣り糸に目をやる、ピチャピチャと音がする、バケツの中を覗く、茶色の魚が泳ぎ始める、この繰り返しが何度か続いた。


湖に戻りたいのかな。

かわいそうに思った男は、茶色の魚を湖に逃がしてやることにした。

「あばよ、元気でな」

魚釣りに来ているのに、人助けをしている気分になる。だからといって、このまま手ぶらで帰るわけにもいかない。

男は「どっこらしょ」と言いながら、その場に座り込んだ。早く次の魚を釣りたいのに、時間だけが過ぎていく。


湖は静かだ、誰もいない。鳥がさえずり、雲が流れる。

いつもとは違う日常、こんな時間も時には必要なのかもしれない。

ぼんやりとそんなことを考えていると、ふいに釣り竿が引っ張られるような感覚が手に伝わってきた。

あわてて釣り竿を持ち上げ、魚を釣り上げた。

あっ……。

釣り糸にぶら下がっていたのは、あの茶色の魚だった。

「おまえか、バカだなぁ」

茶色の魚を手でつかみ、ポチャンと湖に逃がしてやる。

カラスが、カァカァと二度鳴いた。


結局、一匹も釣れなかった。寂しい気もするが、これでよかったのだ。

何がよかったのか、その理由を男は自分で探すが見つからない。

日も暮れた。男が立ち上がり、帰り支度を始めたとき、湖の水面に小さな波紋ができていることに気づいた。

何だろう。

しゃがみ込んで顔を近づけてみると、さっきの茶色の魚が口をパクパクしている。

まだ腹が減っているのか……。

「ほらっ」

残りの餌を全部投げてやる。

だが、茶色の魚はそれには目もくれず、男の方を一心に見ていた。

男と茶色の魚は、見つめ合った。

男は黙ってひざまずき、湖の中に手を差し伸べる。手の平の上に、茶色の魚が乗っかってきた。

男は、茶色の魚をそっとすくってバケツに入れた。湖の水をたっぷりと入れ、バケツが傾かないよう両手で抱えた。

釣り竿は、もういらない。

「一緒に帰るか?」

茶色の魚の顔が笑ったように見えた。

男は、茶色の魚から目を離さないように気をつけながら、家路を急いだ。

第4章 生きること

31

夢

夢を持つことができたなら、
奇跡に等しい。
「夢をあきらめないで」という言葉は、
人にではなく、自分にかける言葉。

夢とは生きるうえでの旗印

人が夢を持つ。夢の実現は、人生の成功とも言い換えられるでしょう。けれど夢を持つことの意義は、それだけではありません。

夢は目標だと考えがちですが、夢とは生きるうえでの旗印、行動の目標として掲げる主義・主張みたいなものではないかと僕は考えています。

夢なんかないと悲しむ人もいますが、夢がないことを嘆く必要はないと思います。夢がなくても、人は生きていくことができるからです。

夢を追いながら暮らしている人から見れば、夢のない人生は物足りなく感じられるかもしれませんが、どれだけ「夢を持て！」と励まされても、夢を見つけられない人がいるのも事実です。

僕は、夢を持てないことは恥ずかしいことではないと思っています。なぜなら、夢は夢であって現実ではないからです。夢を持てないことで、他人に迷惑をかけているわけでもありません。

素敵な夢を持っている人だけが、素晴らしい人間ではないのです。気にしなければいけないのは、あなたの生き方であり日々の生活です。あなたが、もし毎日必死で生きているなら、夢を語るのと同じくらい立派なことだと思います。

誰だって夢を叶えたい、自分の夢を人に自慢したい、そう思っています。自分が定めた旗印のところまで行くこと、それが人生の大きなゴールのような気がするからでしょう。

夢を実現することが難しいのは、自分の姿を手の届かない理想像として掲げているからかもしれません。自分にとって夢は、叶わない願望であることがほとんどです。

夢をあきらめることは挫折ではない

人生の選択とは、夢をあきらめるか、実現するかの二つでしょうか。

夢を実現させるためには、いくつもの段階を踏まなければなりません。一足飛びに夢の実現にたどり着ける人は、まれでしょう。

階段を上る途中で、さまざまな試練が降りかかり、夢をあきらめなければならなかったり、別の道を選んだりすることもあると思います。

僕は、夢をあきらめることを挫折だとは考えていません。その人の瞳に映っていた夢は、永遠に消えることのない風景として記憶に残り続けるはずです。

忘れられない思い出と同じように、夢をあなたの記憶のアルバムに残してください。

そして、生活に疲れたときには、そっと夢を思い出し、夢を持つことができた自分ごと包み込んであげてください。

過去の自分を大事にできる人は、新たな夢を抱く自分も大事にできる人ではないでしょうか。

夢を持つことができたなら、それは奇跡に等しいです。力の限り努力すれば運をも味方につけることができるに違いありません。

どんな夢を持つかは自由です。

「夢をあきらめないで」という言葉がありますが、これは人にではなく、自分にかける言葉だと思います。

僕の夢は、今まで誰も読んだことのない物語を書くことです。誰もが「こんな発想、どこから生まれたのだろう」と感じるストーリー。僕の物語を読んだ人が、思わず他の人に話さずにはいられなくなる。そんな人と人との懸け橋になるような物語を書きたいと願っています。

32
やりたいこと

やりたいことがわからないときには、
回答をいったん保留にする。
これだと思うものに出合えれば、
きっと心が反応する。

好きなことを仕事にしている人はごくわずか

やりたいことが見つからないと悩んでいる人にとって、人から批判されるのはつらいことです。やりたくないというのであれば、やる気がないと注意されても仕方ないのかもしれませんが、やりたいことが見つからないという状態は、やりたいことさえ見つかれば、自分は頑張れると考えているのだと思います。

人から「やりたいことを探せばいい」と言われることがあるかもしれません。探して見つかるものがあるとしたら、それは「仕事」と呼ばれるものだという気がします。仕事がそのまま自分のやりたいことであれば理想的ですが、現実には、好きなことを仕事にしている人は、世の中でごくわずかな人数に違いありません。

「何がやりたいか、自分で気づいていないだけ」と意見してくれる人もいるでしょう。気づくことで見つかるなら、やりたいことは手の届く近いところにあるという意味にも聞こえます。「気づき」とは、見落としていたことや問題点が改めてわかることなので、やりたいことは、自分自身の思いの中に隠れていることになります。

いずれにせよ、やりたいことを見つけるのは大変です。

「やりたいことは何?」と誰かから尋ねられたときには、やりたいことが見つかっていないなら、「ありません」「わかりません」と答えるのみではなく、そのあとに「今、探しています」「まだ気づいていないだけかもしれません」などという言葉も付け加えたほうがいいと思っています。そうすれば、相手はあなたのことを、努力家で夢のある人だと認めてくれるでしょう。

ほとんどの人は、やりたいことについての具体的な計画を知りたいというより、生きるうえでのあなたの心意気や決意を聞きたがっているような気がします。

やりたいことは何だろうと考え抜いても、どう答えていいのかわからないときがあります。そういうときには、相手と自分との関係を壊さないためにも、回答をいったん保留にしたほうがいい場合があるのではないでしょうか。

やりたいことがなくても恥じる必要はない

やりたいことは、どうしたら見つかるのでしょう。

これだと思うものに出合えば、きっと心が反応します。それまでは、さまざまなことに挑戦し自分を高めることが、やりたいことの土台になります。現状は、いつも途中経過なのです。

地球上には、自分以外にも八十億人もの人々が暮らしていることを知ったとき、僕はとても驚きました。自分は、その中の一人だという事実が、何だかすごいことのように思えたからです。

僕にとってやりたいことは、自分の目で変わりゆく世界を見ることです。世界がこの先、どう変化していくのか知りたいのです。

「それは、やりたいことって言えるのかなぁ」と思われるかもしれませんが、やりたいことというのは自分の希望なので、こんなことをしてみたい、こうしたい程度のことでも構わないのです。目を輝かせて答えれば、質問した人も本人にしかわからない人生哲学があるのだと納得してくれます。

たとえやりたいことがなくても、自分を恥じる必要はないと思っています。どんな暮らしがその人にとっての幸せなのかは誰にもわかりません。やりたいことがない人にも、幸福という名の幸運は舞い降りてくるのですから。

33

働く意味

働かずに人生を謳歌する生き方に
憧れを抱くときもあるが、
自分を褒めてあげたくなるのは、
働いているときが一番多い。

何のために働くのか、理由は大事ではない

「働くことは生きること」と「生きることは働くこと」は同じでしょうか。この二つの文章は同じような意味にも聞こえますが、まったく別の状況を表している気がします。

「働くことは生きること」とは、働くことが生きがいになっているという内容を表し、「生きることは働くこと」は、生きていくためには働かなければならないという内容を表しているように感じるからです。

やりたいことや欲しいものがとくにない、お金もいらないから働かないという選択肢のある人がいるとしたら、かなり裕福な人か世捨て人のように思います。

働きたくないという思いは、誰にでもあるものなのかもしれません。働くことは、遊びではなく労働だからです。自分の時間と労力を他の人に与え報酬を得ているのです。

何のために働いているのかわからない人もいるみたいですが、働くのは、おそらく家族や好きな人のためであり、何より自分のためではないでしょうか。働かなければならないから、働いているのです。死ぬまで働きたい人もいます。働きたいわけは、人の役に立ちたいから、収入が欲しいからなど人それぞれでしょう。

何のために働くのか、僕は理由がそれほど大事だとは考えていません。自分になすべきことがある。それが大切なことだからです。なすべきこととは何か。「したいこと」でも「しなければいけないこと」でもありません。「定められた運命」に近いような気もしますが、仕方なくそうなったのではなく、自分で覚悟を決めて取り組むべきもののことです。

働くことに意義はあると思います。なぜなら、食べることや眠ることと同様に、働くことは生きていくために必要なことだからです。

働き続けることで「誇り」が得られる

僕が作家になったのは、この仕事が他の仕事よりも自分に向いていたからです。文章を綴ることが好きなのも大きな要因でしょう。僕がどうして作家を続けているのかと尋ねられたら、創作し続けることが、僕のなすべきことだからと答えます。

僕に作家としての才能があるのかどうかはわかりませんが、十二歳のとき、初めて本を出版してから今日に至るまで、ずっと執筆の仕事は続けています。書くことで僕自身も救われているからだと思います。

働き続けることで僕が得られているものがあるとすれば、それは「誇り」です。どんな仕事にも責任は生じます。やり遂げるためには努力をしなければなりません。一つひとつの仕事をこなすことで、僕自身も社会に貢献していると思えるようになりました。

物事を成し遂げようとする人には、応援してくれる人や見守ってくれる人がいるに違いありません。自分になすべきことを果たすことによって、未来は開けると思うのです。

働かずに人生を謳歌する生き方に憧れを抱くときもありますが、「よく頑張っている」と自分を褒めてあげたくなるのは、働いているときが一番多いような気がします。働くことが人生のすべてではありませんが、自分ができる仕事があることに僕は感謝したいです。

働くこととどのように向き合っていくかで悩んでいる人もいるでしょう。向き合うとは「直視すること」であり、寄り添うとは「そばへ寄ること」です。人生の中で向き合うべきことは働くことだけではありません。働くことは人生の糧《かて》としても重要ですが、働くことに向き合うのではなく寄り添うことで、自分が向き合わなければいけない人生の本当の課題が見えてくるのではないでしょうか。

34
勝負

いつか必ず勝ってやると心に誓うと、
素直に負けを認めることができる。
負けを認めることでしか
見えない未来がある。

勝とうとすることは人間の本能

勝ち負けには「勝負」という捉え方と、「目標を達成できたかどうか」という捉え方があると思います。勝てばうれしいし負ければ悔しい、それは、どちらの捉え方も同じです。違うのは、「勝負」には競争相手がいるという点です。

競争相手がいた場合、自分の悔しさだけでなく、相手へのうらやましさも加わります。これにより、負けた事実に対して残念に思う感情が倍増します。

勝ち負けにこだわる気持ちは、誰にでもあると思います。だから、勝負へのこだわりが悪いこととは言えません。こだわることで頑張れる人もいるからです。

負けず嫌いな人というのは、勝つことに使命のようなものを感じている人だと思います。勝ちたいのではなく、勝たねばならないのでしょう。また、勝つことで得られるものより、勝つための労力のほうが大きいと感じるとき、たとえ勝ったとしても、それほどの喜びは感じられないかもしれません。

僕は、勝つことも幸せだと思っています。ただし、勝つということが、その人の生きる意欲につながっているなら。

勝とうとすることが、他人のモノサシで戦うことになるのではないかと悩んでいる人もいます。自分のモノサシでも他人のモノサシでも、それ自体に問題はないような気がします。勝ちたいと思う気持ちは、自分の心の中から湧き起こるものだからです。動機が何であれ、勝つためには強い意志が必要になります。

勝とうとすることは悪いことではなく、人間の本能ではないでしょうか。

「負けるが勝ち」で自分を励ます

僕は、負けず嫌いです。負けたときには、自分を励ますために「負けるが勝ち」だと思うようにしています。この言葉は本来、争わないで相手に勝ちを譲ったほうが自分にとって有利な結果になり、勝ちにつながるという意味ですが、僕は別の解釈をしています。

負けてもそのうち自分が勝つのだと思っていれば、それでいい。そのときの勝敗を最終結果だとは考えずに途中経過だと捉えれば、大逆転も夢ではないはず。これで終わりではない、いつか必ず勝ってやると心に誓うのです。すると、素直に負けを認めることができます。

負けを認めることでしか見えない未来があるのではないでしょうか。

僕が十二歳で初めて商業出版したとき、「作家になるのは、そんなに簡単なことじゃない。大人になっても作家でいられるはずがない」と言われました。僕が障害児だったから、メディアに取り上げられているだけだと思った人もいたようです。その後、十三歳のときに書いた『自閉症の僕が跳びはねる理由』が世界的ベストセラーとなり、今も僕は書き続けています。

「作家にはなれない」と僕が人から言われたとき、「僕くらい書ける子どもは、世の中にいくらでもいるのだ」と思いました。だから、それからもずっと、毎日のように、僕は創作し続けました。障害者であることだけで出版の世界で生き残っていくことは不可能だとわかったからです。

最初から負けてもいいと思うような生き方より、何とか勝ちたいともがく生き方のほうが僕は好きです。

「勝負は時の運」

全力を出してもどうしようもないときには、僕はこの言葉を思い出し自分を肯定しています。

35
決断

決断の速さより大事なのは、
自分の時間をどのように使うか。
即断即決も優柔不断も、
その結果は自分に降りかかってくる。

「何でもいい」という決断も一つの答え

　買い物から食事のメニュー選びまで、人生は毎日が選択の連続です。転職や結婚など重大な決断はともかく、何を選ぶにも時間がかかってしまう人のことを「優柔不断」だと捉える人もいます。

　でも、そうでしょうか。決断が速い、決断が遅い、それはどうやって計るものなのでしょう。

　決断までの時間は、何分間が適当と決められるものではないと思います。その時々の状況も異なりますし、速いか遅いかは、個人の感覚によって感じるものだからです。決断が速ければ速いほど、いいとも限りません。決断するまでの時間が、どの程度結果を左右したのかわからないことのほうが多いからです。

　僕は何かを決める際、日常生活においては、こだわっていること以外は「何でもいい」と思うことのほうが多いので、「いつもと同じ」か「他の人と一緒でいい」とつい考えてしまいます。

「自分で決められないなんてダメ、優柔不断だ」と非難されそうですが、それは優柔不断とは少し違うように思うのです。優柔不断とは、ぐずぐずして物事の決断のにぶいことを指しますが、僕は「何でもいい」という決断も、一つの答えだと思っています。

「何でもいい」という答えは、自己主張が足りないと言われるかもしれませんが、この世の中は、すべて自分で決めないと気がすまない人ばかりではなく、僕みたいに譲れないものはあるけれど、自分にとって些細なことなら、周りの人の意見に従う人もいるでしょう。

決断とは自分がどうしたいのかを決めること

決断が遅い人は決めるまでに時間がかかるので、行動が遅れてしまうと嘆く人もいますが、物事には速く決断することよりも、じっくり考えて決断することのほうが重要な場合もあります。

僕がじっくり考え、譲れなかった決断とは、どこの高校に進学するかということでした。

僕は地域にある小学校の普通学級に授業中も母に付き添われ五年生まで在籍し、そのあと特別支援学校に転入しました。小学六年生から中学三年生までは特別支援学校で学んでいます。特別支援学校から普通高校に進学する例など、ほとんどありませんでしたが、僕は特別支援学校が自分の居場所ではないと気づき、普通高校の受験に挑戦しました。

たしかに障害のレベルから見ると、特別支援学校は僕にぴったりでしたが、本当に自分がやりたいことが何なのか、僕は思い出したのです。

作家になるためにも、普通といわれる人たちが何を考えているのか、もっと知りたい、同じ場所で勉強したいと強く願うようになりました。僕のような重度の自閉症者が普通の学校で学ぶことが、どれだけ大変で周りにも迷惑をかけるのかわかったうえでの一大決心でした。最終的には、定時制高校を受験しましたが不合格となり、通信制高校で学びました。

決断というのは、自分がどうしたいのか、どうしなければならないのかを決めることです。決められない理由は何か、自分でもわからないという人もいるかもしれませんが、決められないと悩んでいる人も永久に悩み続けるわけにはいきません。なぜなら、どんな人も人生そのものに時間制限があるからです。

「急《せ》いては事を仕損じる」「残り物には福がある」ということわざもあります。決断の速い人をうらやましく感じることもあると思いますが、大事なのは、自分の時間をどのように使うかということではないでしょうか。

即断即決も優柔不断も、その結果は自分に降りかかってくるのです。

36

現実逃避

現実逃避は
現実から逃れられない人間の
ささやかな抵抗であり、
自分を少しだけ甘やかす時間。

現実逃避は「ひと時の休息」

生きていればよいことばかりではなく、つらいことや苦しいこともたくさん起こります。時には何もかも嫌になって、現実に背を向けたい、逃げたいと思う場面があると思います。

「現実逃避」とは、実際問題としてやらなくてはならないことを、意図的に回避しようとすることです。

僕は、現実逃避することを悪いことだとは思っていません。逃げるという行為は、「やるべきことをしない」と捉えると悪いことのように見えますが、選択しないことと捉えれば、選ばないという行為の一つでしかないからです。しなくて損をするのは誰か。ほとんどの場合、一番損をするのは自分ではないでしょうか。

では、現実から逃避することで得られるものとは何でしょう。僕は、ひと時の休息ではないかと思っています。

現実逃避を「ひと時の休息」と言うと、何だか気楽な印象だと非難を受けるかもしれません。たしかに、どんなときも逃げずにきちんと向き合い対応できる人は素晴らしいに違いありませんが、起きた出来事に向き合う気力や余裕のない人もいます。たとえ現実逃避することで自分が不利益をこうむったり、余計大変になったりしても、一時的には楽になるからでしょう。

とはいっても、逃げるのは問題を先送りにしているだけで、根本的に問題が解決したわけではないので、他の人に迷惑をかけることはできるだけ避けなければなりません。世の中は、自分一人の力で成り立っているわけではないからです。

逃げてもいい場合があるのではなく、逃げてしまった事実があるのです。逃げたあとに自分や周りの人が、どれくらい責任を負わなければならないのかは状況によるでしょう。

逃げることで心身の安定を保てることも

僕は脳が疲れたら、よく現実逃避します。自分の考えていることがうまく言語化できなかったり、自閉症のこだわり行動がひどくなったりしたときです。

脳が疲れると、電池のスイッチを切るように、僕の脳は、自ら働くことを停止します。考えようと思っても考えられなくなるのです。

そんなときには、一人になってぼーっとします。すると身の回りで起きていることも、自分が生きていることも、遠い過去のような感覚になります。

眠る直前に似ているような気がします。脳が回復すれば僕も元気になりますが、やらなければいけないことがたまっているとあわてます。

逃げずに最後まで戦い抜くのが理想の姿だと思っている人は多いです。たとえ結果が伴わなかったとしても、逃げなければよかったと思うのが人間です。

人間には道徳心があるがゆえの考えですが、その場しのぎにせよ、逃げることで心身の安定を保てることがあります。現実逃避しても次に頑張れば、挽回できることだってあります。

現実逃避は褒められる行動ではありません。自分が変わらない限り、現実も変わらないのかもしれません。だからこそ現実逃避とは、現実から逃れられない人間のささやかな抵抗であり、自分を少しだけ甘やかすことのできる時間ではないかと思うのです。

37

再出発《リスタート》

後悔しないためには、そのときの結論が
正しくなかったとは思わないこと。
たとえ間違っていたとしても、
いつでもやり直すことができると信じる。

続けるべきか、やめるべきかの判断は？

長年、頑張ってきたことほど、続けるのもやめるのもつらいと悩む人は多いようです。続けるべきか、やめるべきかの判断は、自分自身の希望が、まずは優先されるべきものではないでしょうか。

僕は、通信制高校を卒業したあと、数か月間だけですが、作業所に通っていた時期があります。両親が僕の将来に不安を感じ、信頼できる援助者や仲間と共に働く時間があったほうがいいのではないかと思ったみたいで、作業所に通うことを僕に勧めてくれたからです。けれど、結局は長続きしませんでした。作業所が休みの日や夜に執筆すればいいと思っていましたが、作家業との両立が、うまくはいかなかったのです。

どの作家さんも同じだと思いますが、いい作品を書くためには、命を削るような思いで文章を綴らなければなりません。片手間でできることではないのです。

「障害者だから、こうすべきだ」という意見も、間違っているとは言えません。そうすることで自分の居場所を見つけ、幸せになる人もいると思います。けれど、作家と作業所の二つを両立させることは、僕には無理でした。中途半端な状態のまま執筆を続けることが精神的な重荷になっていったのです。

そしてとうとう、「僕の二十四時間は、作品を書くために全部使いたい」と両親に伝えました。両親は、僕の気持ちを尊重してくれました。

人生において選択するという行為は、何度でも訪れます。自分で選んだわけではなく、選ばされたと感じることもあるでしょう。それでも、自分が決めたのだという自尊心があれば、その決断に対して後悔する気持ちが募ることは、あまりないような気がします。

やめるにしても、やめないにしても、自分を見失わないことが重要です。どうするかを決めたのは自分だという自覚があれば、やめるのか、やめないのか、どちらを選んでも構わないと思います。

やめる理由を考え、やめられない理由と比べてみる

「やめる」と「続ける」の境界線はどこにあるのか。もしも、やめどきという時期があるのだとすれば、自分が決めた結論以外の選択に意味を感じなくなったときでしょう。この意味とは、自分が大切にしている価値の重要度のことです。

お金か名誉か情か、あるいは誇りなのか、生き方の何に値打ちを見出すかは、時間の経過や自分の置かれている状況によって違ってくるものだと思います。

今の僕にとって大切なこと、それは持てる力のすべてを使って自分の世界観を文章

にして残すことなのです。

何かを続けるのが嫌になったとき、やめたいのであればやめればいいし、やめられないのであれば続けるしかない、というのが一番シンプルな答えになるでしょう。けれど実際には、そんなに簡単に気持ちを整理することはできません。

やめる理由を考え、やめられない理由と比べてみる。どちらが自分にとって、より必要なことなのか見つめ直すとき、そこから先の人生のビジョンも変わってきます。ただし、困難を乗り越え継続するのも、新たな道に挑戦するのも、どちらもそれほど楽ではないはずです。

やめると決めてから後悔しないためには、そのときの結論が正しくなかったとは思わないことです。たとえ間違っていたとしても、いつでもやり直すことができると信じることです。

失敗を恐れていては、真の成功にたどり着けないことは、偉人と呼ばれる人たちが証明してくれています。

38
運

どうあがいても、
自分の力では立ち向かえそうにない
運に対してできることは、
素直に自分を差し出すこと。

運を信じるかどうかは人生観に関係している

「運がいい」あるいは「運が悪い」という言葉を時々聞きます。自分の人生において、運がいいか悪いかを決めるのは本人です。「運」って何だと思いますか。

人は、そのときに起きた状況を誰のせいにもしたくないとき、「運」という言葉を使い、現状に納得しているのだと思います。納得するためには、気持ちの整理が必要だからです。

起きた出来事に対して、運がよかった、悪かったと結論づける。自分の責任でも他人の責任でもなく、ましてや神様のご意思でもない、そんなふうに考えるとき、人は運という言葉を口にするような気がします。

そうすれば、自分が望まない結果になっても、誰かをうらむことはありません。うらんでも仕方ないからでしょう。

同じく、「あの人は、運が悪かった」と思うときには、直接の責任が自分にはないと考えている場合ではないでしょうか。

自分から見て相手の運がいいか悪いかは、相手をうらやましく思っているかどうかにかかっているような感じがします。うらやましければ運がいい、うらやましくなければ運が悪い、どちらでもないなら運とは関係がないのです。

みんな無意識に、このように頭の中で運の分類をしているのだと思います。

何をやってもうまくいく人、反対にうまくいかない人がいます。運と関係があるのか僕にはわかりません。運というものが、人間の能力の及ばない未知の領域の力を指すのだとしたら、その存在を信じるかどうかは、一人ひとりの人生観に関係している問題だからです。

運を信じることで生じる利点と、運を信じないことで生じる利点、この比較だけで人は運を信じているわけではないのです。

運とは人生を振り返ってみるきっかけとなる言葉

運という特別な力が、自分の人生に影響を与えているかもしれない。もし、それが事実なら何ができるでしょう。運がもたらすものは希望か、はたまた絶望か、僕には知るよしもありません。

運をよくするために、さまざまなグッズや方法が世に出回っていますが、僕自身がそれを試すことはないと思います。理由は、その効果を信じていないからではなく、ありのままの僕を運がどのように扱うのかを見てみたいからです。

どうあがいても、自分の力では立ち向かえそうにない運という代物《しろもの》に対して僕ができることは、素直に自分を差し出すことです。

「運がいい」と思うことで元気が出るなら、運がいいと信じたい。「運が悪い」と思うことで反骨心が持てるなら、運が悪いと信じたい。けれど、僕の気持ちとは関係なく、運は喜びや悲しみを運んでくるのでしょう。

それなら、これまでにあったあれもこれも、運がいいおかげで起きたことだと、思い出の一つひとつを全部よい結果に結びつけて、僕はにこにこしていたいです。

僕にとって、運とは人生を振り返ってみるきっかけとなる言葉です。運がいいから幸せになれるのではなく、幸せになれば運がよかったと心から思えるようになるのかもしれません。

運のよさも悪さも自分の実力だと受け止め、僕は毎日を一所懸命生きる人になりたいのです。運に翻弄《ほんろう》されることがあっても、後悔することなく一生を終えたいのです。

39

過去

今の自分は過去の自分がつくってくれた。
未来の自分は今の自分がつくる。
起きた出来事が思い出に変わる頃、
自分は未来と呼んでいた場所にいる。

嫌な思い出は消えることはない

嫌な思い出というのは、消えることはないと思います。それは、記憶に強く刻まれるからでしょう。

僕も思い出したくもない記憶に振り回されることがよくあります。嫌な記憶は忘れることができれば楽なのにと、誰もが思っているに違いありません。

「フラッシュバック」という言葉を知っていますか。

僕は一瞬で、記憶の中に入り込むことがあります。ある日突然、つらかった昔の記憶が蘇《よみがえ》り、今の僕の意識が思い出の中の自分になってしまうのです。

僕は小さい頃、道を見ればどこまでも歩きたくなりました。家から勝手に出ていってしまい、ところかまわず走り回り、車に轢《ひ》かれそうになったこともあります。運転手さんが、警察署に僕を連れていってくれましたが、そのときの恐怖は一生消えません。

フラッシュバックすると、僕は追い詰められ逃げ場をなくします。嫌な記憶という魔物に襲われてしまうからです。そうなると自分を守るために暴れるか、膝を抱えてうずくまるかしかありません。

僕は髪を振り乱し、泣くような声で叫びます。押し殺していた感情が爆発するかのように、あふれ出てしまうのです。そして、苦しかった気持ちに押しつぶされそうになります。

ただ、そのときの気持ちは、次第に恐怖だけではなくなっているような気がします。これは現実ではないと自分に言い聞かせることで、フラッシュバックが起きても、僕はこの魔物に立ち向かえるようになってきました。

起きたことの記憶そのものを修正するのは難しいと思います。記憶が実際の事柄に基づいているものだからです。

嫌な思い出が将来の幸せにつながることも

ああすればよかった、こうすればよかったとあなたを悩ませる記憶が、あなたから元気を奪っているのであれば心配です。

こんな思い出は自分を苦しめるだけだと、嘆かずにはいられないときもあるでしょう。けれど、嫌な思い出が将来の幸せにつながることもあるはずです。なぜなら、挫折からしか生まれない幸せもあるからです。

どん底を知ることで、失ってはいけないものが何かに気づけるのではないでしょうか。重要なのは、嫌な記憶が自分の人生を支配してしまうと思い込まないことだと思います。

嫌なことを思い出さないようにする方法はないような気がします。嫌な思い出の中の自分は、ダメな人間だったかもしれません。弱虫だったかもしれません。それでもいいと思えないせいで記憶に怯え続けるのでしょう。

過ぎたことは考えても仕方ないという意見もあります。たしかにそうですが、どんな記憶も思い出すことが将来の幸せにつながると信じられれば、思い出してしまう自分を否定する必要はないような気がします。

今の自分は過去の自分がつくってくれた。

未来の自分は今の自分がつくる。

「過去」と「現在」と「未来」。

一つひとつが、どこからどこまでと線引きはできませんが、起きた出来事が思い出に変わる頃、自分は未来と呼んでいた場所にいることがわかります。

嫌な思い出とも、また少し距離を開けることができた。その事実が、自分を立ち直らせてくれるきっかけになると思うのです。

40
命

命の限り生き続けようとする
本能にしがみつく生物としての己の姿は、
決して美しくないかもしれないが立派だ。

死というゴールに向かって生き続ける

余命を告げられた人が、どういう気持ちになるのかは、おそらくその人にしかわからないと思います。

誰だって死にたくはないでしょう。死ぬということは、自分の存在がこの世から消えてしまうことです。考えただけで悲しくなります。

死んだあと自分はどうなってしまうのか。大好きだった人にもう二度と会えなくなり、何もかも失う。自分という人間が、この世から完全に消滅してしまうのです。

人は一人で生まれ、一人で死んでいくものです。それが人間の宿命だからでしょう。

人間だけでなく、すべての動物には命の終わりがあります。

命の期限を区切られたとき、冷静に受け止められる人はほとんどいないと思います。いつまで生きられるのかわからないから、人は明日に希望を持てるのではないでしょうか。

自分が死んでも、別の新しい命が生まれる。寿命があるからこそ、命は尊くかけがえのないものなのだと言えます。

受け入れられない死を受け入れる、死ぬことを「仕方ない」と捉えられる人は、ある意味、前向きなのかもしれません。

人は生まれた瞬間から、死というゴールに向かって生き続けることを運命づけられています。後戻りすることのできない未知の領域である死に、果敢に挑む勇者にならなければいけないのだと思います。

だから「仕方ない」の言葉には、その人なりに死を受け入れようとする覚悟を感じるのかもしれません。

命尽きるとき、どうしているか？

もしも、僕が自分の余命を知ったら、何をしたいと考えるのか。何かしたいと考える余裕もなく、何もしたくないと思うような気もします。何もしない自分を僕が受け入れることで、死んだあとの自分と重ね合わせ、少しでも冷静さを取り戻すためです。

現世というこの世界から離れ、生まれる前に住んでいた場所に戻るだけ、そう自分に言い聞かせるような気もします。

生まれる前に住んでいた僕の居場所がどこなのか、そのことを自分でわかっているなら、死の恐怖から少し遠ざかることができるでしょう。けれど僕は、自分が生まれる前に居た場所がどこなのか、その答えをまだ知らないのです。

天国と呼ばれるところなのか、はたまた宇宙の果てなのか、創作することはできても、今の僕が想像することは難しいです。

命尽きるとき、僕は自分の行いを振り返り神に懺悔《ざんげ》したいと考えるのでしょうか。それとも、これまで生かされてきた命に感謝し、ありがとうの気持ちを伝えたいと考えるのでしょうか。

どちらにしても死ぬ寸前まで、僕はただひたすら、残された命の炎を絶やすまいと必死でじたばた苦しんでいると思うのです。

命の限り生き続けようとする本能にしがみつく生物としての己の姿は、決して美しくはないかもしれませんが立派です。

祝福され生まれた命が消え去るとき、僕が心底ほっとするのだとしたら、生きている自分が幸せだとは言いきれない気もしますが、死ぬことに怯えながら生き続けることが真の幸福かと問われると、僕は疑問を感じてしまいます。

41
将来への不安

自分が快適に過ごせた場面を、
一日に一回思い返すことで、
人生は苦痛の連続ではないことが
再確認できる。

希望や目標がなくても人は生きていける

新型コロナウイルスによって、世の中が一変し、自分の将来に不安を覚える人が増えているようです。

将来というのは、まだ訪れていない日々のことです。自分の予想通りの毎日が続いていると、将来への不安は小さく、予想外のことが起きれば、将来への不安は大きくなるものではないでしょうか。

不安をコントロールすることは難しいですが、生きる希望があれば、不安の有無にかかわらず生きていける人も多いような気がします。

自分の将来に希望が抱けるかどうかは、周囲の人や環境に必ずしも左右されるとは限りません。誰かに用意された希望は、自分が心の底から望んでいるものではないでしょう。

どんなに過酷な事態に直面しても、わずかな希望を頼りに立ち上がる人がいる一方で、すべての条件が整っているように見えても、希望が見出せない人もいます。

希望と似ているものに目標があります。目標とは、物事を成し遂げるための目印で、人が生活を維持するために大切なものです。未来に希望が持てなくても目標なら達成できる人、そして、それすらできない人もいます。

希望や目標というのは、ある意味自分が設定したゴールのようなものだと思います。希望や目標があれば、どこに向かって頑張ればいいのかがはっきりとわかり、自分で自分を励ますこともできるでしょう。

このように書くと、希望や目標は、生きるうえで絶対になくてはならないもののように聞こえるかもしれませんが、僕自身は希望や目標がなくても、人は生きていけるのではないかと考えるようになりました。

この世に生まれた生物はみんな、死ぬために生きています。それは、生を受けた瞬間からの決まりごとで、誰一人逃れることができない宿命です。

いつもは自分が死ぬことなんてあり得ないような顔をして生きている僕も、身近な人が亡くなったり、一度に大勢の人が亡くなったりすると、次は自分の番だとばかりに暗い気持ちになります。

時間が経てば、落ち着きを取り戻し、悲しかったことを思い出のアルバムにそっとしまい、また一から生き直そうと決心します。そのときには、死ぬこと以上につらいことなどないと悟りにも似た境地にたどり着くのです。

残念なことに、そう思ったことは、すぐに忘れて元の生活に戻ってしまいますが、そのような経験を何度も重ねていくうちに、死を身近なものとして受け入れられるようになりました。

「いつか自分も死んでしまう。それは五十年後かもしれないが、明日かもしれない。それならば時に流されるまま生き続ければいいのではないか」、そんなふうに思います。

今日一日を満足して生きる

僕も将来に対する不安を抱えながら生きていますが、僕が毎日心がけているのは、今日一日を満足して生きるということです。

「満足」という言葉は、「希望」や「目標」みたいにきらきらした道しるべではありません。だけど心を満たしてくれます。

「誰とも喧嘩しなかった」「人に親切にできた」「ご飯がおいしかった」「笑顔でいられた」「きれいな景色を見られた」など一つでもいいので、自分が快適に過ごせた場面を、僕は一日に一回思い返すようにしています。

自分が幸せだと思えた出来事を拾い集めてつなぎ合わせることで、こんな自分でも何とか生きてこられたこと、人生は苦痛の連続ではないことが再認識できるからです。

42

幸福

生きていることが幸せ。
自分の「生」を肌で感じ続ける。
つらいばかりの毎日でも、
幸せを感じる瞬間はある。

幸せになるために人は生まれてきた

幸せとは、追えば必ず得られるものでも、頑張ったら頑張っただけ近づけるものでもありません。これが幸せだという理想像が、一人ひとり違うからではないでしょうか。

人の心の中には「幸せになりたい」という願望が強くあります。幸せになるために人は生まれてきたからに違いありません。

生まれてから一度も幸せを感じたことがない人はいないでしょう。誰かにやさしくされたり、楽しいことがあったり、生きていてよかったと思うとき、人は幸せを感じます。たとえ一瞬の出来事でも、神様や周りの人に感謝したくなります。

幸せとは、ここに生きていることを祝福されていると感じられる状態だと思います。この祝福は誰からの祝福なのか、きっと自分が自分へ贈る祝福です。

「生きている」

これは自分の脳が、そう認識している状態だと言えます。生き続けることは誰にとっても大変なことです。生物としての生命を維持しながら社会の中でうまく立ち回り、心も元気でなければいけません。衣食住に困らないように生活するだけでもひと苦労です。

幸せになりたいと切望する。幸せを求めて人生という名の旅を続ける。たくさんの困難もさまざまな面倒も、幸せになるという目的があるからこそ乗り越えられるのだと思います。

「幸せになりたい」

そう考えても、それが自分にとってどのようなものか具体的なイメージを描ける人ばかりではありません。でも、人々は口癖のようにつぶやき、幸せになることを夢見ているのです。

自分の幸せだけではなく、日本中、世界中の人々やすべての生き物の幸せまで願う人もいます。幸せになることが、人が生きる最終目標だからでしょう。

幸せは「なる」ものではなく「感じる」もの

今日笑っていても、次の日には泣いていることもあります。

僕自身は、幸せは幻のようなものだと思っています。なぜなら、幸せは「なる」ものではなく「感じる」ものだからです。幻なのだから、手にしたと思ったとたん、消えてしまうこともあるわけです。

幸せが幻みたいなものだと考えるようになってからは、僕は幸せを追いかけることをやめました。追いかけても、追いかけても、幸せをつかまえられないと嘆き続けるより、今自分が持っているであろう幸せに目を向けることのほうが、何倍も大切だということに気づいたからです。

もしかしたら幸せというものは、自分の心が見つけ出すものなのかもしれません。「ああ、これが幸せだったのだ」とわかれば、幸せという抽象的なイメージは、実体のある具体的なものに変化します。

僕にとっての幸せは生きていることです。それが幸せなら不幸という言葉など定義できないのではないかと思われるかもしれませんが、僕という人間がこの世から消滅するまで、自分の「生」を肌で感じ続けることが僕の喜びです。

四季折々の自然の移り変わりを五感で感じたり、人との出会いにときめいたり、つらいばかりの毎日だと思っていても、幸せを感じる瞬間はあるものです。

僕が死んでも世界は続きます。それでも自分という人間が、今ここに存在している。この世界に共存しているすべての命に感謝しながら、生きている僕の命こそ、何よりの奇跡だと信じたいのです。

43 人生

誰からも褒められなくても、
人生を自分らしく全うすれば、
あなたの生きざまを、
あなた自身が誇りに思うに違いない。

「いつか必ず終わる」という言葉に救われる

人生とは長い旅のようなものです。楽しいに越したことはないでしょう。「人生が楽しくないはずはない」と思える人は、幸せな人ではないでしょうか。「人生が楽しいはずはない」と思う人は幸せになりたい人、そして、「人生は楽しまなければ損だ」と言う人は、生きることに積極的というより、自分自身を大切にしたい人だと思います。

生きるとは、つらく悲しいものだ、本当に楽しいと思えることなんて、数えるほどしかないと言う人もいるかもしれません。

人生が楽しくない、人生の楽しみ方がわからないと嘆く人の気持ちはよくわかります。

自分にはとうてい無理だと思うような人間関係を軽々とこなし、何十年も先の人生設計まできちんと立てて生活している人たちを見ると、自分とは別世界で生きているように感じることが僕にもあります。人が当たり前にできることができなくて、時には、どうして自分なんか生まれてきたのだろうと絶望してしまうこともありますが、だからといって死ぬ勇気もないのです。

そんなこと口にしてはいけないとみんなが言うでしょう。人生は楽しまなければばいけないと諭されるかもしれません。けれど、楽しくないものは楽しくないのです。

楽しいふりをすることはできます。楽しいと嘘をつくこともできます。楽しくないのに、なぜ楽しいふりをしたり、嘘をついたりしなければならないのか。それは、生きることが人の使命だからだと思っています。楽しいことに目を向けることで、少しでも切なすぎる現実から逃れたいのでしょう。

どれだけ楽しくても、どれほど苦しくても、人生はみんな一回きりだと決まっています。

「輪廻《りんね》転生《てんせい》」という考え方もありますが、少なくとも今のあなたの命は、寿命が尽きれば終わりなのです。

「いつか必ず終わる」

この言葉に僕は救われています。

何事にも終わりがあることを悲観的に感じる人もいると思いますが、終わりがあることで、精神的に楽になれる人もいるのではないでしょうか。

楽しめなくても生きることはできる

人生を楽しむ方法を見つけ、充実した日々を送りたい。誰もが望んでいる願いです。

人生を楽しんでいる人は、どのような状況に置かれても、その中で自分なりの楽しみ方を見つけ出すことができる人のような気がします。

生きている、それは儚《はかな》く移ろいやすいもの。だからこそ、僕は生きることに誠実でいたいのです。人生が楽しいと簡単には思えないから、人生の楽しみ方がわからない自分のことを正面から受け止めたいのです。

みんなが当然のように生きていることを不思議に思うなら、なおさら誰よりも潔く生きることができるはずです。

人生を楽しめなくても、人生を生ききることはできます。そんな姿を誰からも褒められなくても、人生を自分らしく全うすれば、あなたの生きざまを、きっとあなた自身が誇りに思うのではないでしょうか。

STORY

この世の終わり

むかしむかし、ある村に恐ろしい流行《はや》り病が広がりました。次々に人が死に、村人たちは怯えました。

「この世の終わりが来たのだ」と噂しました。

何もかもおしまいだとでも言いたげな村人たちの様子に、少年はとまどいました。

この世の終わりが来るなんて、どうしたらいいのだろう。

この世の終わりがどのようなものなのか、少年にはわかりません。

誰かに聞かなくちゃ、そう思っていたとき、道の向こうから、一人のおじいさんが歩いてきました。

このおじいさんに聞いてみよう。長生きをしているおじいさんなら、何でも知っているに違いない。

少年はおじいさんに声をかけました。

「おじいさん、僕に教えてください。この世は、終わってしまうの？」

おじいさんは黙っています。

少年は、おじいさんの顔を覗き込みました。

おじいさんの目は、水晶でできているみたいにきれいでした。ただ長い間、ふたのない箱の中に入れておいた宝石みたいに、瞳の表面は、うっすらとほこりをかぶっているような膜で覆われていました。

「みんな死んじゃうの？」

少年は、震えながらおじいさんに尋ねました。

おじいさんは、じっと前を向いて黙ったままです。何かを考えているのでしょうか。

少年は、おじいさんの次の言葉を待ちました。しんぼう強く、おとなしく、両手の平を腿《もも》の横につけた「気をつけ」の格好で。

しばらくしておじいさんは言いました。

「死ぬとは限らない、死なないとも限らない」

それだけ言うと、おじいさんは、まぶたを閉じ腕組みをしました。

死ぬ人も死なない人もいるなら、今までと同じだ。この世の終わりとは何だろう。

「僕はどうなるの？」

「お前がどうなるのか知りたいか？」

少年は「うん」と返事をしようとしましたが、やめました。もし、自分が死んでしまえば、お父さんやお母さんが、どんなに悲しむだろうと思ったからです。両親が泣いている姿を想像するだけで、少年は切なくなってしまいました。

少年は「知りたくない」と言って、おじいさんに背を向けました。

少年とおじいさんの間に、ゆるゆるとした風が流れます。

「おじいさんは死ぬの？」

振り返り、少年が言いました。

すると、おじいさんの両目が開きました。

しまった、なんてことを聞いてしまったのだろう。

少年は後悔しました。

こんなことを尋ねてはいけなかったのに、すぐに謝ろう。

「ごめんなさい」

「気にせんでもええ、どうしてお前は、わしが死ぬと思ったのか言ってみろ」

「おじいさんは、お年寄りだから……」

「なるほどな。でも、元気な年寄りもいるぞ、病気の子どももいる。事故や災害で亡くなる人もいる。人の寿命というものは、誰にもわからないものだ」

少年は、その通りだと納得しましたが、疑問が消えたわけではありません。

「……それなら、この世の終わりって、みんなが死ぬことではないの？」

「みんなが死ぬから、この世の終わりが来るのではない。そうして、この世の終わりが来るから、みんなが死ぬのでもない」

少年は、おじいさんを真っ直ぐに見つめました。おじいさんの言葉をひと言も聞き逃すまいと、全神経を集中させて、おじいさんの口元を見つめます。

「いいか、よく聞け。この世の終わりなどというものはないのだ。人は生まれてから死ぬまで、それぞれに生きている長さは違うが、『今このとき』は、みんな同じだ。生きているものだけが味わうことのできる世界で、息をしている」

少年は、自分も呼吸をしていたことを思い出したように、鼻から胸いっぱい空気を吸い込み、ゆっくりと吐き出しました。

おじいさんは、その様子を見て微笑《ほほえ》み、少年は照れくさそうに頭をかきました。

「死んだ者は、今このときを生きてはいない。だけど、生きているときは、ちゃんとそこに存在していたのだ。わしもいずれこの世からいなくなる。でも、それは世界が終わったからではなく、この先の未来に、わしという人間がいなくなるだけじゃ」

「いなくなるだけって、死んだら、誰とも会えなくなるんだよ」

そんなの嫌だというふうに、少年はおじいさんの腕をつかみました。少しでも長くおじいさんをこの世に引き止めておかなければ。

少年のそんな真剣な思いが、おじいさんにも伝わります。

おじいさんは、少年の肩に手を置き言いました。

「時間の流れというものは永遠だ。自分の命が尽きても、この世界は終わらない。過去と現在と未来は、決して途絶えることのない一本の線の上に存在しているのじゃ。死んだあとも、一人ひとりが生きていた事実は残り、人々の記憶の中にも刻まれていく。わかるか？」

少年には、おじいさんの話のすべてを理解することはできませんでした。それでも、この世が終わらないことを知って安心しました。

「おじいさん、ありがとう」

丁寧にお辞儀をして、少年はおじいさんと別れました。


家に帰ろう、少年は歩き出します。

よかった、流行り病になんて負けてはいられない。いつまでも続くこの世界を僕の力でもっと、もっとよくしなくちゃ。

雲の切れ間から、お日様が顔を覗かせました。少年は、顔をお日様のほうに向け、両手を上げて背伸びしました。照りつける日を浴びると、身も心もすっきりします。

少年は振り返って、おじいさんにさようならと手を振ろうとしました。けれど、おじいさんは、もういませんでした。

おじいさんとの出会いは幻だったのでしょうか。それを確かめるために、少年は、さっきいた場所に引き返そうかと思いましたが、やめました。

おじいさんは、どこに行ってしまったのでしょう。

わからなくてもいいのです。

おじいさんには、きっと、またどこかで会える。この世の終わりなどないのですから。

少年は全速力で走り出しました。未来という時間に向かって。

たちまち息が上がり汗びっしょりになりましたが、少年の顔は笑っていました。

おわりに

「こんなことをしたら叱られる」と子どものとき、思ったことはありませんか。

僕は、自分がやっていいことと悪いことは知っていましたが、どうすれば自分がいい子になれるのかがわからず、ずっと悩んでいました。

悩むということは、小さい頃から僕にとっての日常であり、生活の一部だったのです。

「そんなに悩んでいたら、疲れてしまうよ」と心配してくださる方もいます。でも僕は、思考することこそ、人だからできる行為ではないかと思っています。

考えることは、どれだけやったとしても、誰にも迷惑をかけることではありません。

自分なりの答えが出せれば悩みが悩みでなくなります。


悩みを抱える。それは、自分が頭の中でつくり出した問題です。

時間の経過と共に解決するものもありますが、次から次に悩みは生まれてきます。

悩みが一つでもなくなれば、とても気持ちがすっきりします。気持ちが軽くなれば生きる勇気が湧いてきます。

どんな心の状態であれば自分らしく生きられるのか。できない行動ばかりに目を向けてはいけないのです。

僕は、悩みを問題として捉えなければ、一つの事実にしかすぎないことに気づきました。

生きていく中で、自分にはどうしようもないと思うこともあるでしょう。けれど、少し見方を変えるだけで、世の中が違って見えることもあります。

今日という日に感謝し、明日を心待ちにできる。それが、元気に生きることだと思います。

昨日のあなたも、今日のあなたも、明日のあなたも美しい。

生き方の善悪は、あなた自身が決めればいいことです。失敗したら反省し、やり直せばいいのです。

いつも自分の気持ちに正直に、そして人として正しくありたいと願うなら、自分の人生は、それほど悪くないと思えるのではないでしょうか。

東田直樹

【文庫版】おわりに

小さい頃、僕にとってこの世界は、混沌としていてわかりづらいものでした。

僕は自分の居場所を探して、森の中をさ迷っているみたいな感覚で生きてきました。誰にも声が届かないのです。空は青く、緑の葉っぱが生い茂り、鳥たちは楽しそうにさえずっています。仲間を探しますが、周りにいる人たちは、自分とは全然違う種類の人間に見えて怖かったです。

僕には、みんなのような生活が窮屈すぎたのでしょう。

大地を駆け回り、水とたわむれ、手の平いっぱいに光をつかみたかっただけなのに、そんな気持ちをわかってもらえませんでした。僕は、ひとりぼっちだったのです。

人として生きていく、それは当たり前のことですが、難しいことでした。自分の存在は、いつも不確かで、自分自身で思い通りになるなんて思ったことはありません。周りの人たちも自閉症の僕が何に困っているのか、観察するだけではわからなかったでしょう。

みんなのように話せない僕は、自分なりのコミュニケーション方法を模索しました。

その結果、画用紙に書かれたキーボード並びのアルファベットをローマ字打ちで指す「文字盤ポインティング」やパソコンで、自分の気持ちを伝えられるようになったのです。僕が一番大事にしているのは、真っ直ぐに自分の思いを言葉にすることです。言葉は選ぶのではなく、紡ぎだすものではないでしょうか。

僕は「ちゃんと考えよう」と思ったことは、いったん頭の引き出しの奥に入れます。時間があるときに、取り出して考えますが、すぐに答えは浮かばないので、また引き出しに入れるのです。ずっと、そのことばかり考えなくても、問題の答えというのは、意外なときに思わぬところから見つかることも多いです。大切なのは、あきらめない気持ちなのでしょう。

自分の気持ちを整理できる言葉が見つかると、心が軽くなります。問題が解決できなくても、暗闇に一筋の光が差すのです。

嫌なことがあると、穴の中に落ちたような気分になりませんか。

幸せそうな人ばかりが目について、気持ちが沈みます。穴の中から空を見ても、ちっぽけな空しか目に映りません。

それでも時間が経つと、穴の中から顔を出してみようかなと思うはずです。そうっと顔を出すと、大空が目に入ってきて、こんなに空は広く明るかったのかと感動するに違いありません。きっと、自分にも何かやれそうな気がするのではないでしょうか。

僕は一日の終わりに、「ここまでできた」自分を褒めるようにしています。このときは「よく頑張った！」という言葉とは、違う言葉を使います。「今日は、これで満点！」そう自分で百点をつけて、眠りにつくのです。「よく頑張った」だと、「もっと頑張れた」という気持ちも残りますが、百点であれば、これ以上頑張る必要がないからです。

一所懸命に生きているのに、なかなかうまくいかなくて、僕は何度も挫折しました。こうすればよかった、ああすればよかったと反省しているときは、自分が嫌になりますが、嫌がっても他の誰かにはなれないのです。

できないことばかりに目を向けてしまうと、生きていく気力を失います。

今日一日を乗り越えれば、うれしいことも、悲しいことも、すべて過去のできごとになります。成功しても、失敗しても、ぜんぶ思い出になります。未来に向けてのスタートは、「今、ここから」なのです。

僕は、心の中をそのつどきれいにすることができれば、今よりもっと生きることが楽になると思うのです。

生きづらさというのは、自分一人の力では解決できないものなのかもしれませんが、視点を変えるだけでいつもの景色は輝きます。

自分なりの答えが出せれば、悩みは悩みでなくなる。それが、「自閉症の僕がみつけた生きづらい世界の変え方」です。

二〇二四年一〇月
東田直樹

本書は二〇二〇年一一月、小社より単行本として刊行された『世界は思考で変えられる』を改題・修正のうえ文庫化したものです。

自閉症《じへいしょう》の僕《ぼく》がみつけた生《い》きづらい世界《せかい》の変《か》え方《かた》

いつもの景色《けしき》が輝《かがや》く43の視点《してん》

二〇二四年一一月一〇日　初版印刷
二〇二四年一一月二〇日　初版発行

著　者　東田直樹《ひがしだなおき》
発行者　小野寺優
発行所　株式会社河出書房新社
〒一六二－八五四四
東京都新宿区東五軒町二－一三
電話〇三－三四〇四－八六一一（編集）
〇三－三四〇四－一二〇一（営業）
https://www.kawade.co.jp/

ロゴ・表紙デザイン　粟津潔
本文フォーマット　佐々木暁
本文組版　株式会社ステラ
印刷・製本　中央精版印刷株式会社

Printed in Japan　ISBN978-4-309-42148-3

生きるための哲学

岡田尊司　41488-1

生きづらさを抱えるすべての人へ贈る、心の処方箋。学問としての哲学ではなく、現実の苦難を生き抜くための哲学を、著者自身の豊富な臨床経験を通して描き出した名著を文庫化。

夫婦という病

岡田尊司　41594-9

長年「家族」を見つめてきた精神科医が最前線の治療現場から贈る、結婚を人生の墓場にしないための傷んだ愛の処方箋。衝撃のベストセラー『母という病』著者渾身の書き下ろし話題作をついに文庫化。

「働きたくない」というあなたへ

山田ズーニー　41449-2

ネットの人気コラム「おとなの小論文教室。」で大反響を巻き起こした、大人の本気の仕事論。「働くってそういうことだったのか！」働きたくない人も、働きたい人も今一度、仕事を生き方を考えたくなる本。

自分はバカかもしれないと思ったときに読む本

竹内薫　42092-9

バカがいるのではない、バカはつくられるのだ！　人気サイエンス作家がバカをこじらせないための秘訣を伝授。学生にも社会人にも効果テキメン！　カタいアタマをときほぐすやわらか思考問題付き。新装版。

私が語り伝えたかったこと

河合隼雄　41517-8

これだけは残しておきたい、弱った心をなんとかし、問題だらけの現代社会に生きていく処方箋を。臨床心理学の第一人者・河合先生の、心の育み方を伝えるエッセイ、講演。インタビュー。没後十年。

こころとお話のゆくえ

河合隼雄　41558-1

科学技術万能の時代に、お話の効用を。悠長で役に立ちそうもないものこそ、深い意味をもつ。深呼吸しないと見落としてしまうような真実に気づかされる五十三のエッセイ。

世界一やさしい精神科の本

斎藤環／山登敬之　41287-0

ひきこもり、発達障害、トラウマ、拒食症、対人恐怖、うつ……心のケアの第一歩に、悩み相談の手引きに、そしてなにより、自分自身を知るために——。一人に一冊、はじめての「使える精神医学」。

内臓とこころ

三木成夫　41205-4

「こころ」とは、内蔵された宇宙のリズムである……子供の発育過程から、人間に「こころ」が形成されるまでを解明した解剖学者の伝説的名著。育児・教育・医療の意味を根源から問い直す。

孤独の科学

ジョン・T・カシオポ／ウィリアム・パトリック　柴田裕之〔訳〕　46465-7

その孤独感には理由がある！　脳と心のしくみ、遺伝と環境、進化のプロセス、病との関係、社会・経済的背景……「つながり」を求める動物としての人間——第一人者が様々な角度からその本性に迫る。

鬱屈精神科医、占いにすがる

春日武彦　41913-8

不安感と不全感と迷いとに苛まれ、心の底から笑ったことなんて一度もない。この辛さは自業自得なのか……精神の危機に陥った精神科医は、占い師のもとを訪れる——。救いはもたらされるか？

屋根裏に誰かいるんですよ。

春日武彦　41926-8

孤独な一人暮らしを続けている老人などに、自分の部屋に誰かが住んでいるかの妄想にとらわれる「幻の同居人」妄想という症状が現れることがある。屋内の闇に秘められた心の闇をあぶりだす、名著の文庫化。

好き？　好き？　大好き？

R・D・レイン　村上光彦〔訳〕　46790-0

恋人、家族、友人、敵……人間関係の内奥にひそむ感情の本質を、異端の精神科医が詩のことばへと昇華する。数多のサブカルチャーに霊感を与えつづける伝説の書、復刊。

結ぼれ

R・D・レイン　村上光彦〔訳〕　46797-9

結ぼれ、絡みあい、こんがらがり、袋小路、支離滅裂、堂々めぐり、きずな――異才の精神科医が詩の言葉として書きつけた、人間を束縛する関係性の模様。「詩人」レインの原点たる寓話性に満ちた伝説の書。

人生に必要な知恵はすべて幼稚園の砂場で学んだ

ロバート・フルガム　池央耿〔訳〕　46794-8

おもてに出るときは手をつないで、はなればなれにならないようにすること――人間はどう生き、どのようにふるまい、どんな気持ちで日々を送ればいいか。一〇〇か国以上で読み継がれる、珠玉のエッセイ集。

「最強！」のニーチェ入門

飲茶　41777-6

誰よりも楽しく、わかりやすく哲学を伝えてくれる飲茶が鉄板「ニーチェ」に挑む意欲作。孤独、将来への不安、世間とのズレ……不条理な世界に疑問を感じるあなたに。心に響く哲学入門書！

哲学はこんなふうに

アンドレ・コント=スポンヴィル　木田元／小須田健／コリーヌ・カンタン〔訳〕　46772-6

哲学するとは自分で考えることである。しかしどのように学べばよいのか。道徳、愛、自由、叡智など12のテーマからその道へと誘う、現代フランスを代表する哲学者による手ほどき。

アトリエ　インカーブ物語

今中博之　41758-5

知的障がいのあるアーティストが集う場所「アトリエ インカーブ」。世界的評価の高いアーティストを輩出した工房は何の為に、いかにして誕生したのか？　奇跡の出会と運命、そして必然が交錯した20年。

アーティスト症候群　アートと職人、クリエイターと芸能人

大野左紀子　41094-4

なぜ人はアーティストを目指すのか。なぜ誇らしげに名乗るのか。美術、芸能、美容……様々な業界で増殖する「アーティスト」への違和感を探る。自己実現とプロの差とは？　最新事情を増補。